なにも なくても　いつでも　どこでも　楽しめる ⑤

藤田浩子の

手 顔 からだ でおはなし

藤田浩子 ✽編著　　保坂あけみ ✽絵

一声社

はじめに

1960年ごろから、一般家庭にも電化製品が揃い始めました。電気冷蔵庫、電気洗濯機、電気掃除機、電気釜、主婦の仕事のほとんどが電化されました。おまけに家事の電化で余った時間をつぶすのにちょうどいいテレビというものもできました。娯楽まで電化されたのです。主婦の仕事の中でどうしても「電化」できないもの、それが「育児」でした。ですから当時の主婦のなかには、育児を負担に感じる人も多かったのですが、でも、負担には感じたものの、幼い子をテレビの前に座らせておくことに、どこかうしろめたさを感じていたように思います。育児を機械に任せようという発想はなかったのでしょう。それが、近頃は、うるさくされると困るからという理由で、幼い子にスマホを持たせる親も増えてきました。テレビの視聴時間も長くなったようです。

「人は人に育てられ人になる」というのが私の信条です。人は人に育てられないと人になれないと思っているのです。機械に育てられたら、見た目は変わらないとしても、心が機械になってしまうのではないか、ホルモンの出方がおかしくなったり、自律神経のバランスが崩れたりして、心が貧しくならないかと心配なのです。そんな考え方は、もう古いと思われるかも知れませんが、それでも私は、ご両親が、お子さんと一緒にあそんでくださることを心から願っております。

この本で紹介しているあそびに道具は何も要りません。ひも1本、ハンカチ1枚、紙1枚無くてもあそべるものばかりです。必要なのは「あそぼう！」という気持ちだけです。同じあそびでも年齢によって、こんなふうに変えれば楽しめますということも紹介しています。電車やバスの中で、レストランや病院の待ち時間に、もちろんおうちでも、「うるさい！　静かにしなさい」と叱る代わりに、お子さんと向き合って、またおひざに乗せたり手をつないだりして一緒にあそびましょう。

おきぬけスマホ

とりあげられるとかんしゃくをおこす

もくじ

手顔からだ
あそびをはじめる前に

年齢別あそび方について

　この本で紹介しているあそびは、赤ちゃんから6歳ぐらいまであそべるものです。

　　1章は、赤ちゃんを中心に、親と子が向き合って楽しめる
　　　あそび、

　　2章は、1〜3歳の子のあそびを中心に、みんなで一緒に
　　　楽しめるあそび、

　　3章は、4〜5歳向けで、手合わせあそび、ジャンケンあ
　　　そび、言葉あそびなど、少し難しいあそび

を紹介していますが、どのあそびも少し変えれば年齢に関係なくあそべます。たとえば1章のあそびでも、ちょっと変えれば、赤ちゃんだけでなく、2歳の子にも3歳の子にも喜んでもらえるあそびです。2章のあそびも、工夫すれば、3歳や4歳の子でもじゅうぶん楽しめます。それぞれのあそびに、年齢別のあそび方のアドバイスを載せてありますので、参考にしてあそんでください。

🌱 主に1歳半くらいまでの赤ちゃんとのあそび方

　この年齢（月齢）の赤ちゃんは、一緒にあそぶというより、大人があそんであげる時期です。赤ちゃんのからだをさわりながらあそんだり、おひざに乗せて歌ってあげたり、リズムをとってゆすってあげたり、赤ちゃんの手をとってあそんだり、向き合って大人のやる手あそびを見せたりしてあげましょう。

　図書館のおはなし会などであそぶときは、私も赤ちゃんの代わりにぬいぐるみなどを使ってあそんでいます。赤ちゃんにも楽しんでもらいたいと思っていますが、どちらかというと、親御さんに覚（おぼ）えていただきたいと思ってあそんでいます。

♥ 1歳半過ぎから3歳後半くらいまでの子どもとのあそび方

　1歳を過ぎると、1人で歩けるようになり、手も指もある程度動かせるようになりますから、大人が見せれば、まねをしようとします。まねしやすいように、ゆっくり、はっきり歌いながら、見せてあげましょう。

　2歳ぐらいまでのお子さんはあそびの種類をたくさん教えるより、同じあそびを何度も何度もしてあげるほうが喜びます。

　2歳を過ぎるとお友だちとのあそびも増えてきて、その分トラブルも増えてきます。親の言うことにも「いや!」と応（こた）えることが多くなり、3歳過ぎると自我がますます強くなりますが、その割には言葉が思うように使えないので、お友だちとあそんでいてもたたいたり噛（か）んだりということが生じてきます。そうなると親も「やめなさい!」とか「だめ!」と言わなければな

らない場面も増えてきて「…なさい!」「だめ!」「はやく!」など、親からの言葉が「命令」と「禁止」と「催促」になりがちです。親の口から出てくる言葉が、こんな言葉ばかりだと、子どもも親の言うことに耳を傾けなくなるかもしれません。たとえ赤ちゃんでも困ったことをしでかしたときは「め!」ということも必要ですが、そのあと、ここに紹介したような楽しいあそびをしてあげれば、きっと機嫌を直します。楽しいあそびをたくさんしてくれる、楽しいおはなしをたくさんしてくれる大人の言葉なら、子どももしっかり耳を傾けるはずです。向き合って、手を合わせたり、手をつないだり、手を重ねたりしながら楽しくあそびましょう。お友だちと手をつなげるようになれば、なお楽しめます。

4歳以上の子どもとのあそび方

　4歳になると、5本の指が自由に動かせるようになるし、ある程度のあそびのルールも理解できるようになりますから、3章で紹介しているような、複雑な手合わせあそびもできるようになるし、ちょっと変わったジャンケンあそびもできるようになります。あそべるものが格段に増えてきて、いろいろなあそびを覚えたがります。あそびの種類が増える楽しみもあるのですが、気に入ったあそびをくり返すのも好きです。ですから同じあそびでも少し違ったあそび方をしてみると、それはそれでまた喜んでくれます。

　また語彙も増えてきますので、言葉あそびもできるようになります。どなたもご存知の「しりとりあそび」、この本では特に紹介はしていませんが、お母さんが台所仕事をしなが

らでもできますから、おすすめです。おはなしも、筋のあるおはなしが楽しめるようになる年齢です。

　毎日あそばなくてもいいのです。1週間に1度、忙しければ1ヵ月に1度でも構いません、子どもと楽しいひとときを過ごしましょう。

小学生の子どもとのあそび方

　この本で紹介しているあそびは、小学生ならほとんど大人と同じようにできるでしょう。でも少々物足りないかもしれませんので、小学生でもより楽しめるように、ちょっと難しくしたあそび方も、ところどころで紹介しています。大人の方でもじゅうぶん楽しめます。かえって、小学生の子どものほうがじょうずにできるかもしれません。

自分流で楽しんでください

　昔、私が子どもだったころ、戦争中で外は敵機に狙われやすいため、家の中か防空壕の中であそばなければならず、あそびは手合わせや、いろいろなジャンケンあそび、そして言葉あそびなどが中心でした。それも高学年の兄やいとこ、近所の子どもなど、年齢もばらばらでしたから、その子その子のルールを決め、それでも楽しくあそびました。ですからあそび方はこの本の通りでなくても構いません。あなたはあなたのルールであそんでみてください。

ちょこっと手品について

　ところどころで紹介しているちょっとした手品「ちょこっと手品」は、大人が子どもにやってあげると、喜ばれるあそびです。特にお父さん、ほんとに何もなくてもできるので、ぜひこんな手品を見せて、子どものあそび心をくすぐってあげてください。1分か2分で終わってしまうようなものでも、子どもとの距離は縮まります。

　私ごとですが、まだ私が幼いころ、母に「おかあちゃん、お金持ってる?」と聞いたら「もってるよ」と、割烹着のポケットから小石とゴミを出して「ほら、いしえんごみっせん（1円50銭）」と言って笑ったのです。たったそれだけのことなのですが、戦争で笑いを忘れたような母が笑った、それがうれしくて、今でも覚えているという次第です。ねじった手を元に戻すあそびやほっぺたに指が刺さってしまうあそび、腕をロボットのように動かすロボットアームなどは次兄がやって見せてくれました。それだけで尊敬していた妹の私です。

　本では紹介していませんが、財布から10円玉をひとつ出して、それをどちらかの手に隠して「どっちだ?」と当てっこをするあそび、テーブルの上に10円玉を立てて左手の指で押さえ、右手ではじいてくるくるまわすあそび、ティッシュ1枚を吹き上げて落とさないようにするあそび、そんなあそびならいつでもできるでしょう。お子さんと一緒にあそんでください。

図の見方

　この本では、指や手やからだを使って、おはなしをしたり歌ったりします。下図のように、おはなしの「やり方の順番」と、そのときに言う「言葉や歌詞」、「指やからだの動かし方など」をそれぞれの図につけています。

やり方の順番

言葉や歌詞

1♪ せんべせんべやいて

手の動かす方向

子どもをおひざに抱っこして、子どもの両手を甲を上にして持ち、上下に揺らす

やり方の説明

第1章

ふれあって あそぼう

子どもをおひざに抱っこして歌いながら手をさすったり、
からだをくすぐったり、揺らしながらおはなししたり…、
子どもとふれあってあそんであげましょう。
赤ちゃんにはゆっくりなリズムで歌ったり語りかけて、
少し大きい子には大きく揺らしたり、
少し乱暴にドスンと落としたりして、
年齢に合わせてあそび方を変えてあそびましょう。

安全ベルトを
おろします

おうち ゆうえんち
ジェットコースター

ふうふう ふくらんだ

年齢別 あそび方

🌱 0〜1歳半　💗 〜4歳　✿ 4歳〜

🌱 子どもの手を持って動かしてあそびましょう。

💗 「1〜2歳の子なら」（9ページ）を参照してください。

✿ 手あそびとして楽しんだあと、手をつないで輪を作ってあそんでみましょう（9ページ参照）。

子どもをおひざに抱っこして
子どもの手を持つ

1 風船をふくらまそうね。

♪ ふうふうふうふうふくらんだ

ほぉら、風船が
ふくらんだねぇ。

手を少し広げる

2 今度はしぼむよぉ。

♪ しゅうしゅうしゅうしゅうしーぼんだ

手を閉じる

3 ♪ ふうふうふうふうふくらんだ
しゅうしゅうしゅうしゅう
しーぼんだ

2回目はもう少し
大きく広げて、閉じる

♪ ふうふうふうふうふくらんだ
しゅうしゅうしゅうしゅう
しーぼんだ

次はもっと大きく…
何回かくり返す

4 ♪ ふうふうふうふう
ふうふうふうふう
ふうふうふうふう

最後は両手を
伸ばしきって

5 ♪ パチン！

手をたたく

パチンッ！

1~2歳の子なら

　お子さんが1歳を過ぎているなら、ふくらますときはゆっくり、しぼむときは急いでなど、少しだけ変化をつけると喜びます。

　2歳を過ぎると、大人が手を添えなくても一人であそべるようになり、向き合った大人がやって見せると、自分なりにまねて楽しんでくれるでしょう。「広げるよぉ」「縮めるよぉ」「どんどん大きくなって、まだまだ大きくなって、もっともっともっともっと大きくなって、……パチン！　あぁあ、割れちゃった！」などと少し大げさに声を掛けてあそんでください。そしてじょうずにできてもできなくても、たくさんほめてあげましょう。

🎵 **ふうふうふくらんだ**　　　　　　作詞・作曲　藤田浩子

みんなであそぶときは

みんなで手をつないで輪になってあそびます。

1
初めは少しだけ輪を
大きくして、すぼむ、
次はもう少し大きくして
すぼむ、同様に
だんだんと大きくしていく。

2
最後は手をつないで
いられないぐらいまで広がって、
パチンと手を離してしゃがむ。

3
また中央に集まって
くり返してあそぶ。

少し大きい子ならしゃがんだまま中央まで歩いてくるのも楽しいでしょう。

親指山
登って

🍼 0～1歳半　❤ ～4歳

🍼 子どもの手を持ってやってあげましょう。指をさわってあげることと、最後のこちょこちょを大事にしてあそびます。

❤ 自分でやるのが無理なときは大人がやってあげましょう。大人がやって見せるだけでも楽しんでくれます。
自分でできるなら、自分の左手の指を右手で登ったりくだったりします。

子どもを
おひざに抱っこして
子どもの左手を持つ

1 ♪ おやゆびやま　のぼって
おやゆびやま　くだって

2 ♪
さしゆびやま　のぼって　さしゆびやま　くだって
なかゆびやま　のぼって　なかゆびやま　くだって
べにゆびやま　のぼって　べにゆびやま　くだって
こーゆびやま　のぼって　こーゆびやま　くだって

子どもの親指を
歌いながらなぞる

同様に人さし指から
小指まで歌いながら
なぞる

ひとこと

　3～4歳の子ならおはなしも楽しめますから、子どもの指を登ったりくだったりしながら「ゆうちゃんの山登り」（11 ページ）のようなおはなしをしてみましょう。返事もしない赤ちゃんに語りかけることが、なんとなく気恥ずかしいという方も、こんなあそびをしながら語りかける練習をしてみてください。

3 ♪
くだってくだって
くだってくだって
こちょこちょこちょ

小指をくだったら
そのまま腋までなぞっていき
くすぐる

♪ **親指山登って**　　　　　　　わらべうた

おや　ゆび　や　まま　の　ぼって　　おや　ゆび　や　まま　く　だって
さし　ゆび　やや　まま　の　ぼって　　さし　ゆび　やや　まま　く　だって
なか　ゆび　やや　まま　のの　ぼっての　なか　ゆび　やや　まま　く　だってて
べに　ゆび　やや　まま　のの　ぼってて　べに　ゆび　やや　まま　く　だってて
こ　ゆび　や　ま　の　ぼって　　こ　ゆび　や　ま　く　だっ

くだって　くだって　くだって　くだって　　こちょ　こちょ　こちょ

※べにゆび（紅指）：薬指のこと

ゆうちゃんの山登り

♥〜4歳　✿4歳〜

🌼 「さあ、○ちゃん（お子さんの名前）のかわいい親指山に登りましょう」などと言って、子どもとおはなしを作りながら楽しんでみましょう。

🌸 5歳ぐらいになると、「恐竜が来た」とか「ヘリコプターが来た」とか、予想外のことを提案してくれることもありますが、なるべく対応しましょう。

子どもをおひざに抱っこして
子どもの左手の指をなぞりながら語る

1
ゆうちゃんが親指山に登ります。
てくてく、てくてく、
てくてく、てくてく。
お山のてっぺんに着きました。
「あめをなめよう」
ぺろぺろ、ぺろぺろ。
あめをなめて、親指山をくだります。
するするする。

2
こんどはさし指山です。
てくてく、てくてく、
てくてく、てくてく。
お山のてっぺんに
着きました。
「お水を飲もう」
ごくごく、ごくごく。
水筒の水を飲んで、
さし指山をくだります。
するするする。

ひとこと

　ここに紹介したおはなしにこだわらずに、「リュックの中に何が入っているかな？」と子どもに聞いてみたり、「夕立が来そうだから、急いで帰りましょう」と大急ぎで帰ってもいいし、途中から手のひら広場に出てお弁当を食べてもいいし、お好きなように語ってください。

3
同様に中指、紅指、小指でおはなしする
指の先に着いたら「あぁ喉がかわいた」と言って何かを飲んだり、景色を眺めたり、1つ何かをしてからくだる

中指山
「いい眺め」
あっちを見たり、
こっちを見たり。
景色を眺めて、

紅指山
「お弁当を食べよう」
もぐもぐ、もぐもぐ。
お弁当を食べて、

小指山
「みかんを食べよう」
むしゃむしゃむしゃ。
みかんを食べて、

4
小指山をするするくだったら
そのままどんどん腋までくだって
くすぐる

するするする、
するするする、
するするすべって、
こちょこちょ谷に
着きましたとさ。
こちょこちょ。

11

つくしんぼ

🌱 0～1歳半　💗 ～4歳　♣ 4歳～　🌸 小学生～

🌱 大人がやって見せてあげましょう。

💗 手が組めなければグーの手を合わせて最初は、指を1本出したら引っ込め、また1本出すというあそび方であそびましょう。

♣ 次々と指を出してみましょう。

🌸 「少し大きい子なら」のあそびをしてみましょう。

子どもをおひざに抱っこして
子どもも大人もそれぞれ手を組む

手を組めない子は
グーの手を合わせる

1 🎵 つーくしんぼ　つくしんぼ
はーるになったら　でてこらせ

歌いながら揺らす

2 タン

指を1本立てる

3 🎵 つーくしんぼ　つくしんぼ
はーるになったら
でてこらせ　タン

同様に何回か歌って、
1本ずつ指を
立てていく

4 🎵

つーくしんぼ　……
タンタンタン！

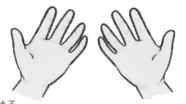

最後は残った指を
次々立てて、手を開いて見せる

少し大きい子なら

　両手を下図のように交差してから組んで、ほかの人に指示された指を立てます。これは大人もじゅうぶん楽しめます。

両手を交差してから組み

くるんと上に向ける

指示された指を立てる

※指に触れずに指示する

🎵 **つくしんぼ**　　　　わらべうた

つ　くし　ん　ぼ　つくし　ん　ぼ　は　る　に　なっ　たら　でて　こ　ら　せ

つくしの法師

❤〜4歳　🌸4歳〜　❀小学生〜

🌱 大人が「3本」とか言いながら指を出すのを見るだけでも楽しめます。

🍀 5までの数がかぞえられる子なら、大人の指示した本数を出してあそべます。
10までの数がかぞえられる子なら、6本とか7本とか指示しても楽しいでしょう。
「みんなであそぶときは」のあそびも楽しめます。

❀ 7本を5本と2本で出してもいいし、4本と3本でもいいし、いろんな出し方で
あそんでみましょう。

1 ♪ほーうしほーうし
いっぽんほうしは
でぬもんじゃ
かーぞくそろって
でーてこい

歌いながら
手をたたく

三本！

いち、に、
さん

2「3本！」

大人が本数を言い、
その本数の指を出す

みんなであそぶときは

歌いながら歩いて、
リーダーが「4本！」
と言ったら4人（指
示された数の人数）
で手をつなぎます。

※指示する数は5本くらいまで

※リーダー：「3本」などの指示を出す役（大人でも子どもでもいい）

♪ **つくしの法師**

わらべうた

ほ　う　し　ほ　う　し　　いっ　ぽん　ほう　し　は　　で　ぬ　もん　じゃ

か　　ぞ　く　そ　ろ　っ　て　　で　　て　こい

ちょこっと手品

交差した手で「つくしんぼ」（12ページ下段）をしたあと、
こんなあそびもしてみましょう。

鼻つまみ

1
右腕が上になる
ように手を交差し、
右手小指が
一番外側になるように
両手を組み合わせる。

2 両手人さしで図の
ように鼻をつまみ、

3
「えい!」と言って
両手のひねりを
戻して両側に広げる。

ひねり戻し

1
子どもには
「鼻つまみ」**1**の
ように手を交差して
から組ませる。

2 自分は、指を組んでから
手をねじる（子どもと同じ
ように組んだと見せかける）。

3
「元に戻しましょう、
えい!」と言って、
元の形に戻す。
（子どもは元に
戻せないので
びっくりする）

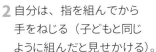

せんべ せんべやいて

🌱 子どもの手をおせんべに見立ててあそびましょう。

❤ 自分で裏返したり手をこすったり食べるまねをしたりできますが、できればおひざに乗せて、手をこすってあげましょう。

🍀 「大根漬け　子どもどうしであそんでみよう」のあそび方であそんでみましょう。

1🎵せんべせんべやいて

子どもをおひざに抱っこして、子どもの
両手を甲を上にして持ち、上下に揺らす

2🎵 とっくりけぇしてやいて

手のひらを上に向け、
上下に揺らす

3🎵しょうゆをつけて もひとつつけて

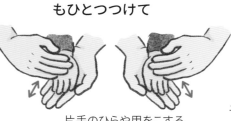

片手のひらや甲をこする、
もう片手も同様にこする

4🎵くったら うまかべな

子どもの
両手を
食べるまね

ひとこと

　子どもの手が冷たいとき、ストーブ（昔は囲炉裏）の前でこういうあそびをしながら、温めてあげていたのです。なかなかじっとしていない子をじっとさせるために歌を歌ってあげたのでしょう。

大根漬け（でぇこづけ）

「せんべせんべやいて」と同じように子どもの手を
裏返したり表に戻したりするあそびのほかに、
下のようなあそびができます。

子どもどうしであそんでみよう

　2人で両手をつないで
「うらがえし」で
背中合わせになって、
「おもてがえし」で戻ります。

🎵せんべせんべやいて　　　　　わらべうた

せん べせん べやいて　とっくりけぇ してやいて　しょう ゆを
つけて　もひとつつけて　くったら うまかべな

🎵大根漬け　　　　　わらべうた

でぇ こ づけ でぇ こ づけ うらがえし
でぇ こ づけ でぇ こ づけ おもてがえし

14

サンドイッチ

🌱 0～1歳半　❤ ～4歳　✿ 4歳～

🌱 おひざに抱っこして子どもの手を持ってやってあげましょう。

❤ 向き合って大人が子どもの手をはさんであげます。

✿ 「みんなであそぶときは」のあそびも楽しめます。

1
サンドイッチを作りましょう。
私の手をパンにするから
花ちゃんの手はハムになってね。
サンドイッチを作りましょう。

両手を見せて
歌うように言う

2
パンにバターを塗りまして
こっちのパンにも塗りまして

右手で左手のひらにバターを塗るまねをして、
同様に右手のひらにも塗るまねをする

3
花ちゃんのハム

子どもの片手をはさむ

4
さあ　食べましょう。
アム

子どもの手を食べるまね

**みんなで
あそぶときは**

　Aちゃんのレタス、B ちゃんのトマト、C ちゃんのチーズなど、いろんな具材にして、大人の手の間に重ねてはさみます。
　初めは大人が決めても、次からは「あなたのお手手、これは何ですか？　レタスですか？　トマトですか？」などと聞いて、子どもと話し合いながらサンドイッチを作るともっと楽しくなります。

ひとこと

　家庭でサンドイッチを食べたあとなどにあそぶと、楽しいかと思います。
　みんなであそぶときは「サンドイッチ食べたことある人？」「パンとパンの間に何がはさまっていたか覚えている？」などと聞いてからあそべば、イメージしやすいと思います。

しゃくとり むし

🌱 **0～1歳半** ❤ **～4歳** ✿ **4歳～** ❀ **小学生～**

🌱 大人が指で子どものからだを這い回ります。

❤ 自分の指を自分流に動かしてあちこち這い回ってあそびます。

✿ しゃくとりむしのように親指と人さし指を伸ばしたり縮めたりできるようになります。

❀ 「しゃくとりむし（手あそび）」（48ページ）であそんでみましょう。

♪ しゃくとりむし　しゃくとりむし　どこいくの
　しゃくとりむし　しゃくとりむし　さんぽです

親指と人さし指を
くっつける

❶人さし指を
　前に動かす

❷親指を
　人さし指に
　くっつける

❶❷をくり返して、
子どものからだを這い回る

♪ **しゃくとりむし**　　わらべうた

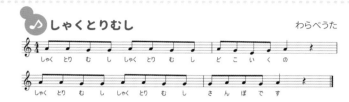

しゃく とり む し しゃく とり む し ど こ い く の

しゃく とり む し しゃく とり む し さん ぽ で す

あそんでみよう
いっぽんばしこちょこちょ

1 いっぽんばーし　こーちょこちょ
子どもの手のひらを指1本でなでてからくすぐる

2 にーほんばーし　こーちょこちょ
……
ごーほんばーし　こーちょこちょ
2、3、4、5本と指を増やして同様にする

3 つねってたたいて
手のひらをつねってたたく

4 かいだんのぼって
子どもの腕をのぼっていく

5 こちょこちょこちょ
腋をくすぐる

ででむし

🌱 横になっている（またはひざに乗せている）子どものからだを、大人がカタツムリ（ででむし）の手で這い回ります。

♥ 自分でカタツムリを作って、自分やお友だちの足やおなか、机や床などを歩きましょう。2歳を過ぎるとチョキができるようになりますが、うまくできない子はパーの形の左手の上に、グーの形の右手を乗せてもいいでしょう。

🍀「あたまもつのも」で、つのを出すところもじょうずにできます。

左手チョキ右手グーでカタツムリを作り、服の下に隠しておく

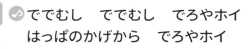

1♪ ででむし　ででむし　でろやホイ
　　はっぱのかげから　でろやホイ

もぞもぞ動かし
最後の「ホイ」で
服から出す

2♪ ででむし　ででむし　だせやホイ
　　あたまもつのも　だせやホイ

チョキの指を一度折って
右手グーの下に隠し、最後の「ホイ」で出す

ひとこと

　4歳5歳になると「ゆっくり急いで」ってどうやって歩くの？ と聞く子もいます。そのときはそれを話題にして考え合います。子どもたちに聞くと「ゆっくりでいいけどよそ見しないで歩くこと」とか「立ち止まらないで歩くこと」「走らないでちゃんと歩くこと」など、日頃大人に言われているようなことを言います。

3♪
ででむし　ででむし
あるけやホイ
ゆっくりいそいで
あるけやホイ

カタツムリの形で、
子どものからだを這い回る

♪ **ででむし**　　　　　　　　　　　　わらべうた

でで	むし	でで	むし	で	ろや	ホイ	はっ	ぱの	かげ	から	で	ろや	ホイ
でで	むし	でで	むし	だ	せや	ホイ	あた	まも	つの	も	だ	せや	ホイ
でで	むし	でで	むし	ある	けや	ホイ	ゆっ	くり	いそ	いで	ある	けや	ホイ

桃太郎

- 🌱 0〜1歳半
- ❤ 〜4歳
- ✿ 4歳〜

🌱 子どもをおひざに抱っこして子どもの手を持って、「つんぷくかんぷく」と桃が流れて来る動作などをします。

❤ 向き合って大人と同じ動作ができるようになります。

✿ 大人と同じ動作もできますし、おはなしとして聞くだけということもできる（物語として理解できる）ようにもなります。

1

昔まずあったと。
あるところに　おじいさんと
おばあさんがいて、
おじいさんは山へ行って
お仕事をしていたって。
おばあさんは
川に行って
よごれた着物を
洗っていたって。

両手を持って洗う動作

2

おばあさんが洗っていると、
大きな桃が、
　　つんぷく　かんぷく
　　つんぷく　かんぷく
流れて来たって。
　　つんぷく　かんぷく
　　つんぷく　かんぷく

からだを
揺らす

3

そうやって流れて来たもんで、おばあさんは
　うんまい　桃なら　こっちへこい
　まーずい　桃なら　あっちいけ
そう言って手招きしたんだって。
　うんまい　桃なら
　こっちへこい
　まーずい　桃なら
　あっちいけ

手招きと追いやる
動作を交互にする

4

そうしたらその桃が、
　　つんぷく　かんぷく
っておばあさんのほうに流れて来たもんでね、
おばあさんは「うんまい桃にちがいない」
と思って、その桃を拾って帰って来たんだって。

おじいさんとおばあさんがその桃を食べようとしたら、
桃はパカッと割れて、中から赤ちゃんが出てきて、
おじいさんとおばあさんは大喜び。
その赤ちゃんに桃太郎という名前をつけて育てたんですって。
そう、桃から生まれたから桃太郎っていう名前にしたのね。

5

桃太郎は大きくなって
鬼退治に行くことになって、
おじいさんとおばあさんは
きびだんごをこしらえて
やったんですって。
　きーびだんご　きびだんご
　日本一の　きびだんご
　きーびだんご　きびだんご
　日本一の　きびだんご
……　何回かくり返す

おだんごを
丸める動作

6 桃太郎はそのきびだんごを
腰にぶらさげて、
鬼ヶ島に行きました。
　ゆくがゆくがゆくと
　ゆくがゆくがゆくと
　ゆくがゆくがゆくと
　ゆくがゆくがゆくと

子どもの足を持って
歩くように動かす

7 イヌが出てきて聞きました。
「桃太郎さん、桃太郎さん、
　腰につけているのはなんですか」
　　　　　　指をさして聞く動作
「日本一の　きびだんご」
「ひとつ私にくださいな」
桃太郎はイヌにきびだんごを
あげました。
「どうぞ」

差し出す動作

8 サルとキジでも同様にする
　ゆくがゆくがゆくと
　ゆくがゆくがゆくと
サルが出てきて聞きました。
「桃太郎さん、桃太郎さん、
　腰につけているのはなんですか」
「日本一の　きびだんご」
「ひとつ私にくださいな」
桃太郎はサルにきびだんごをあげました。
「どうぞ」

9 　ゆくがゆくがゆくと
　ゆくがゆくがゆくと
キジが出てきて聞きました。
「桃太郎さん、桃太郎さん、
　腰につけているのはなんですか」
「日本一の　きびだんご」
「ひとつ私にくださいな」
桃太郎はキジにきびだんごをあげました。
「どうぞ」

10 そして桃太郎とイヌとサルとキジは、
日本一のきびだんごを
みんなで仲良く食べました。
　むしゃむしゃむしゃ
　「ああおいしかった」

それから鬼ヶ島へ行って、鬼退治を
したんですって。　おしまい。

食べるまね

幼い子に昔話を語るとき

　まず言葉。昔話は方言で語られているものもありますが、乳幼児に語るときには方言にこだわらず子どもにわかる言葉で語っています。5歳ぐらいになると、定期的に聞いてもらっている子どもたちなら、多少わからない言葉が混じっても方言を入れたほうがおもしろく聞いてもらえますが。初めて会う子どもたちのときは、方言はあまり入れないで語るようにしています。

　次に道具。そのお話を語るために、どうしてもわかってもらいたい道具であれば、最初に説明します。絵を見せないとわかってもらえないなら絵も見せます。でも話の中に多少わからない言葉があってもわからない道具があっても、お話の筋にあまり関係ないなら、そのまま語ってしまうこともあります。

　そして状況。真っ暗闇とか、川で洗濯をするとか、水洗でない雪隠とか、理解しにくい状況もありますが、私は無理して難しい状況の話はせずに、わかりやすい話から語るようにしています。私の場合は「話ありき」ではなく、まず「子どもありき」です。

19

高い山 低い山

🌱 0〜1歳半　💗 〜4歳　🍀 4歳〜

🌱 子どもをおひざに乗せて腋を持ち、山をあまり高くしないであそびましょう。谷底に落とすときもそっと落とします。

💗 子どもと手をつないで山を高くして、落とすときもドスンと落とします。

🍀 人形やぬいぐるみを赤ちゃんに見立ててあそべるようになります。

1 高い山

子どもの腋を持ってひざに乗せ、ひざを曲げたり伸ばしたりする

2 低い山

3 高い山 低い山 ……

2〜3回くり返す

4 谷底にどぼ〜ん！

足を広げて間に落とす

どんど橋

🎵 どんどばしわたれ
さぁわたれ
こんこがでるぞ
さぁわたれ

🌱 歩けるようになったら子どもの腋を支え、歩かせてみましょう。

💗 さっさと歩ける子の場合、橋（脚）を少し揺らすと楽しんでくれます。

子どもの手を持って大人の脚の上を歩かせる

たどり着いたらギュッと抱きしめる

幼い子なら

子どもの腋を持ちます。

ひとこと

どんど橋の意味はよくわかりません。土橋のことかと思ったりしていたのですが、どんどん渡る橋と教えてくれた人もいました。

🎵 **どんど橋**

わらべうた

どんど ば し わ たれ　さぁ わ たれ　こん こ が でる ぞ　さぁ わ たれ

ゆ〜らり ゆりの木

1 ♪
ゆーらり
ゆーらり
ゆーりのき

両手をつないで
左右に揺らす

2 ♪ かーしげ
かーしげ
かーしのき

からだを左右に傾ける

3 ♪ もーんで　もーんで
もーみのき

右手は押して
左手は引き、
次はその逆にする

4 ♪ ひーらけ
ひーらけ
ひいらーぎ

両手を
左右に広げる

5 ♪ つーぼめ
つーぼめ
つばきのき

両手をつぼめる

6 ♪ くーるめ　くーるめ

右手は前に左手は
うしろに動かし、
次はその逆にして

7 ♪ くるみのき

くるみの
き

右手を前に出して
子どもをくるむ

8 ♪ ほおのー
きーでー

2〜3回手を左右に振り

9 ♪ ほうりだせ

手を離す

♪ ゆ〜らりゆりの木

作詞・作曲　藤田浩子

ゆ　ら　り　ゆ　ら　ん　り　ゆ　り　の　き
も　っ　で　も　っ　め　で　も　つ　み　の　き
ほ　お　の　一　き　で　一　ほ　ば　み　の　き

か　し　げ　か　し　げ　か　し　の　き
し　げ　か　し　げ　ひ　ら　ー　ぎ
ひ　く　る　め　く　る　め　く　る　み　の　き
ほ　う　り　だ　せ

21

遊園地の馬

🌱0〜1歳半 ♥〜4歳 🍀4歳〜

🌱 子どもをおひざに乗せてやさしく揺らします。

♥ 抱っこの馬でも喜びますが、大人が四つん這いになり背中に乗せる馬も楽しめます。でも静かに揺らしましょう。肩のあたりにお金を入れて（まね）もらいましょう。

🍀「お金1つなら静かに揺れます、2つ入れると乱暴に動きます、どっちにしますか？」と聞いて、揺らし方を変えてあそびます。

1 さぁお金をここに入れてください。お金を入れないと動きませんよ。

ポケットなどにお金を入れる
まねをしてもらう

ひとこと

　歌は何でも構いません。ひざを揺らすだけでなく歌いかけることで、いっそう楽しくなります。ぜひいろいろ歌いながら楽しんでください。電車の中や病院などでおひざに乗せている子どもが飽きてしまったときには、子どもの耳元でささやきながら小さく揺すってあそびます。大人が疲れたら、油が切れたことにしたり、電車なら次の駅まで、病院なら次の人が呼ばれるまで休みとか、休憩をとりましょう。親が疲れることを知らせるのも大事です。ただ突然やめるのではなく、1回前ぐらいに予告しておくと、あきらめてくれます。

2 カチャン
あ、お金が入りました。

♪まさかりかついだ
きんたろう……

脇を持って揺らす

※歌は何でも構いません

3 あ、もうおしまい。お金をまた入れてください。

♪まさかりかついだ……

同様に何回かくり返す

♪ま〜さか〜り……

おや、油が切れそう
あと1回ぐらいしかできません。

♪ま〜〜さ〜か〜〜り

あーあ、油が切れてしまいました。
今日のお馬はこれでおしまい。

背中に乗せる馬でも
あそんでみよう

🎵 金太郎　　　　作詞：石原和三郎／作曲：田村虎蔵

まさかり かついだ きんたろう　　　くーまに またがり

おうまの けいこ　ハイ シィ ドウ ドウ　ハイ ドウ ドウ　ハイ シィ ドウ ドウ　ハイ ドウ ドウ

カウボーイ

🌱 0～1歳半　❤ ～4歳

🌱 子どもをおひざに乗せてやさしく揺らします（「カウボーイ」でも乱暴に揺すらない）。

❤ 子どもをおひざに乗せて揺らします。「カウボーイ」が一番喜ぶところです。勢いよく跳ね上げたり、落ちそうになるぐらい揺すったりします（ただし馬は疲れます）。

1♪ おねえさんが　うまにのると
　　ポッコ　ポッコ　おしとやか

おひざに乗せて
腋を持ち
小さく上下に揺らす

2♪ おとうさんが　うまにのると
　　パッカ　パッカ　げんきよく

少し大きく揺らす

勢いよく揺らす

3♪ カウボーイが　うまにのると
　　バンカ　バンカ　いさましく

馬は疾し疾し

「カウボーイ」と同様におひざに乗せて揺らすあそびです。

ゆうくんも
つ〜よい

♪ うまはとしとし
　ないてもつよい
　うまがつよいから
　のりてさんもつよい

おひざに乗せて
腋を持ち
小さく上下に揺らす

🌱 「のりてさん」のところを、
お子さんの名前に変えても楽しいです。

♪ **カウボーイ**

おねえさんが　うまにのると　　ポッコ　ポッコ　おしとやか
おとうさんが　うまにのろと　　パッカ　パッカ　げんきよく
カウボーイが　うまにのると　　バンカ　バンカ　いさましく

♪ **馬は疾し疾し**　　わらべうた

うまはとしとしないてもつよいうまが
つよいからのりてさんもつよい

●「カウボーイ」のあそびは、アメリカのストーリーテラーのフラン・ストーリングスさんから聞きました。

上がり目は キツネの目

🌱 0~1歳半　💧 ~4歳

🌱 大人がやって見せて、最後のくすぐるところを楽しんでもらいます。

💧 大人と一緒にやれるなら、一緒にやって楽しみましょう。

1🎵 あがりめはキツネのめ

両手の指で、目尻を上げる

2🎵 さがりめはタヌキのめ

目尻を下げる

3🎵 よせためはネコのめ
ネコのめをしたら
ネズミがみえた

目を中央に寄せる

ちゅ~ちゅくちゅ

くすぐる

4🎵
ちゅーちゅく　ちゅーちゅく
ちゅーちゅく　ちゅ

ひとこと

　1度あそんでから、ここ（大きい子には目尻って言うのよと説明し）をね、こうして上げると、ほらキツネさんの目になった。下げるとタヌキさんの目、ギュッと押すとネコさんの目になりました。ネコですよぉ、ネコはネズミが好きなんです。ネズミはどこかにいないかな？　あ、いたいた、ここにいた、ちゅーちゅくちゅ、とくすぐったりしながら、2回3回くり返してあそぶと、覚えてもらえます。

🎵 **上がり目はキツネの目**

わらべうた

あがりめは　キツネのめ　さがりめは　タヌキのめ　よせためは　ネコのめ
ネコのめを　したら　ネズミが　みえた　ちゅ ちゅく ちゅ ちゅく　ちゅ ちゅく ちゅ

ちょこっと手品
ロボットアーム

左手を伸ばし

右手を添えて
ゆっくり直角に曲げる

ギ ギギギ ギ〜

ギー

ギギ〜

ギギー

ギギギ

右手を添えながら、左手首を回転させたり、直角に折り曲げたりする

てんてん
てれつく

🌱 大人がやって見せてあげましょう。最後の般若の顔で泣いてしまうようなら、「次に出るのは…お母さん！」でもいいでしょう。

💜 まず見てもらってから、一緒にやってみましょう。

🍀 般若がわかりにくい場合は「鬼の面」にしてもいいですが、5歳児や小学生なら般若という言葉も覚えてほしいので、私はお面を見せたりしています。

1♪ てんてんてれつく

握った両手を交互に重ねる

2♪ てんぐのめん

鼻に当てる

3♪ おかめーに

目尻を下げる

4♪ ひょーっとこ

口をとがらす

5♪ おそろしいのは

うしろを向いて

6♪ はんにゃのめん

両手人さし指を
つのにして、
恐ろしい顔をする

ちょこっと手品

あめ玉

あめ玉を
食べた
ふりをする

（ないじゃん）

舌で
ほっぺを押す

（みせて）

（あぁーおいしぃ〜）

つっかえた！

（はーい）

うしろから名前を呼び、
振り向いたとき、
指がほっぺに
当たるようにする

（はな
ちゃん）

ひとこと

般若の面のところを怖くない顔に変えてもいいですが、私は子どもに、ちょっと恐ろしいものを見せることも大事だと思っています。もっとも私が多少怖い顔をしてつのを出しても、今まで泣いた子はいませんでしたけどね。

♪ てんてんてれつく

わらべうた

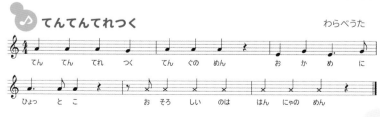

てん　てん　てれ　つく　てん　ぐの　めん　　おか　めに

ひょっ　とこ　　おそ　しい　のは　はん　にゃの　めん

25

あそんでみよう

どんぐりどっちかな？

1 🎵 どんぐりどっちかな
とんがりあたまかな

とんがったほうを
指さす

2 🎵 ぼうしをかぶった
あたまかな

ぼうしのほうを
指さす

3 🎵 どんぐりどっちかな

どちらかの手で包んで
どっちにあるかを
当ててもらう

🎵 **どんぐりどっちかな？**

わらべうた

どん ぐ り どっ ち か な とん がり あた まか な

ぼう し を かぶっ た あた まか な どん ぐ り どっ ち か な

どっちの親指隠した？

どちらかの親指を反対の手で隠すようにして両手とも握り、どっちの親指を隠したか当ててもらう

紅指どーれだ？

左手

右手で左手の指先を図のように握り、左手の4本の指先だけ見せて、紅指（薬指）を当ててもらう

なんて書いたか？

まる

子どもの手のひらに「あ」や「い」または「○」や「×」を書いて、当ててもらう

幼い子なら

「ツンツン」「ツン」など、
何回つついたかを当ててもらいましょう。

 お風呂で背中に書いて当てっこしても楽しい。

#

みんなで一緒にあそぼう

歌に合わせてみんなで一緒に手を動かしてあそんでみましょう。

少し大きい子なら、歌の速さを速くしたり、

一郎さんが畑に蒔くものや、とんとん大工さん・パンパンパン屋さんのほかに

どんなものを作る人がいるかな？

など、子どもと考えたりしてみましょう。

ぶたぶたくん のお散歩

年齢別 あそび方

🌱 **0〜1歳半**　❤️ **〜4歳**　🍀 **4歳〜**

🌱 大人が子どもの手を道に見立てて歩いてあげます。

❤️ 自分の指で自分の腕を歩いてみましょう。スキップが難しければ、それ以外の歩き方であそびましょう。歌の1番だけでも楽しめます。

🍀 もし場所があるなら、自分がぶたぶたくんになって、歩いたりスキップしたりしても楽しめます。

1♪ ぶたぶたくんが
おさんぽするとき
あるいていきーます
ブタブタブタブタ

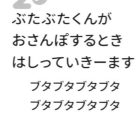

2♪ ぶたぶたくんが
おさんぽするとき
はしっていきーます
　　ブタブタブタブタ
　　ブタブタブタブタ

人さし指と中指を足に見立てて、いろんな歩き方で歩く

4♪ ぶたぶたくんが
おさんぽするとき
スキップたのしいな
　　ブッブタッタブッブタッタ

3♪ ぶたぶたくんが
おさんぽするとき
のんびりあるきます
　　ブーターブーター

♪ ぶたぶたくんのお散歩

作詞・作曲　藤田浩子

ぶ た ぶ た く ん が／おさんぽ するとき／あるいて いきーます／すすな
ぶ た ぶ た く ん が／おさんぽ するとき／はしって いきーます／すすな
　　　　　　　　　／　　　　　　　　／のんびり あるいた のしい
　　　　　　　　　／　　　　　　　　／スキップ たのしい

ひとこと

　このあそびのように、指を足に見立てて歩いてみたり、指をキツネに見立てておはなしするのを「見立てあそび」とか「つもりあそび」と言います。指だけでなく、椅子を山に見立てたり、さかさにして自動車に、つなげて電車やバスに見立ててあそびます。こういうあそびを盛んにするようになるのは4歳ぐらいからでしょうか。腰に風呂敷を巻いてお姫様になったつもり、風呂敷を背中のマントにしてスーパーマンになったつもりのあそびです。

　どちらが先かわかりませんが、こういうあそびをたくさんする子どもたちは、おはなしを聞くのがじょうずだし、おはなしを聞き慣れている子は、こういう「見立てあそび」や「つもりあそび」を楽しむのがじょうずです。その「見立てる」ことがまだじょうずにできないときには、ちょっとした手助けをしてくれる29ページのような人形があると、より楽しくなるかもしれません。

ぶたぶたくん人形

こんな人形を
使っても楽しいです。

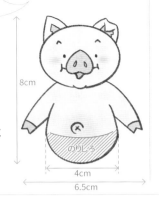

1
うすだいだいの色画用紙に
図のように絵を
描いて切る。

8cm
4cm
6.5cm
のりしろ

5mm

2
フェルト（14cm×3cm）で
ずぼんを作る。

半分に折って端を
縫い合わせ裏返す

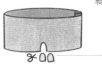
切り取る
かがる

3
1ののりしろに
ボンドをつけて、
図のように
ずぼんを貼る。

ボンドで
貼る

人さし指と中指を
ずぼんに入れて
脚にして動かす

あそんでみよう

ピアノはポロンポロン

楽器を弾くまねをしてあそんでみましょう。

♪ピアノは ポロンポロン　バイオリンは キューキュー
　フルートは ピーピー　たいこは ドーン

♪ **ピアノはポロンポロン**　　　　作詞・作曲 藤田浩子

ピ ア ノ は ポ ロン ポ ロン バ イ オ リ ン は キュー キュー
フ ルー ト は ピー ピー た い こ は ドー ン

ペンと弾きゃヒュー

同じように、今度は和楽器でやってみましょう。
（ペンは三味線、ヒューは尺八、ステテコテンは
小太鼓、カッポカッポは鼓、コロリンシャンは琴、
ピッピは横笛）

♪ペンとひきゃヒュー　ステテコテンの　カッポカッポ
　コロリンシャンのピッピッ

♪ **ペンと弾きゃヒュー**　　　　わらべうた

ペン と ひきゃ ヒュー ス テ テ コ テ ン の カッ ポ カッ ポ コロ リン シャン の ピッ ピッ

お掃除ぱっぱ

🌷 ～4歳　🍀 4歳～　✳ 小学生～

🌷 自分の手であそびます。家族全員一緒に寝たり起きたりしてもいいでしょう。

🍀 薬指と小指が難しい場合は「赤ちゃんはお姉さんが大好きだからいつも一緒なの」と言いながら、2本一緒に寝かせたり起こしたりしてみてください。

✳ 「小学生なら」（31ページ）を参照してください。

1 これは左手家族です。
お父さん、お母さん、お兄さん、お姉さん、赤ちゃんです。

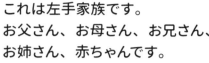

2 そろそろ寝る時間です。
子どもたちが散らかしたお部屋を片付けて、お掃除をしてお布団を敷きましょう。

　　　お掃除ぱっぱ　お布団敷いて

左手のひらを右手でほうきのようにはく

左手を右手で軽くたたく

3 お父さんねんね
お母さんねんね
お兄さんねんね
お姉さんねんね
赤ちゃんねんね

親指から順に折っていく

4 みんなねんね

右手で左手をさする

5 グーグーグー

左手に右手を重ねて左頬の下につけて目をつぶる

6 コケコッコー
朝ですよー

左手首を起こして

7 お父さんおはよう
お母さんおはよう
お兄さんおはよう
お姉さんおはよう
赤ちゃんおはよう

親指から順に立てていく

※薬指は右手で押さえていてもいい

8
みんなおはよう！

左手を
きらきらさせる

ひとこと

　ほうきがわからない子には右手をグーにして掃除機のつもりでグイーングイーンと左手のひらの上を這わせましょう。「コケコッコー」も理解しにくければ、お日様の声にして「お日様が出ましたよー」と言ってもかまいません。目覚まし時計は馴染まないように思います。

ぶらぶらぶら体操

1　ぶらぶらぶらぶらぶらぶら　パッ

両手を
ぶらぶら振って、
パッと開く

2
ぶらぶらぶらぶらぶらぶら　グッ
ぶらぶらぶらぶらぶらぶら　チョッ

同様にして最後をグーにしたりチョキにしたりする

小学生なら

　右手はへそまがりの家族ということにして、寝る順序も起きる順序もばらばらにすると楽しめます。たとえば、「最初にお兄さんがねんね。それから赤ちゃん、あらあらお姉さんも一緒にねんねしてしまいました。それからお父さんねんね、お母さんねんね。
　朝ですよ、
お父さんおはよう、
お姉さんおはよう、
あらあら赤ちゃんも
起きてしまいました。
お母さんおはよう、
お兄さんおはよう、
みんな起きました、おはよう」

〔0~1歳半〕　〔~4歳〕

🌱 子どもをおひざに抱っこして子どもの手を持ってやります。

🌼 自分でやりたい子は自分流でぶらぶらするだけで楽しみましょう。

いろんなやり方で あそんでみよう

　手を上にあげたり下にさげたり、横に伸ばしたり、歩きながらやったり、おばけのような手でやったり、いろんな形で楽しんでください。

高〜いところで
ぶらぶらぶら
ぶらぶらぶら

一郎さんが畑に

🌱 0〜1歳半　🌸 〜4歳　🍀 4歳〜

🌱 子どもをおひざに抱っこして、子どもの手を持って耕したり水をまく動作をしましょう。

🌸 できてもできなくても自分でまねをしてみましょう。

🍀 「種をまいたら、そのあとどうしたらいいかな？」などやりとりをしながらあそびましょう。

1 一郎さんが
畑を耕しました。

手を鍬に見立てて畑を耕す動作

2 土がやわらかくなったところで、
ニンジンの種をまきましょう。

左手を入れ物に
見立てて、
右手でまく動作

3 これだけでは芽が出ません。
種はなにが欲しいかな？
水、そうですね、
水をあげましょう。
それから？

水をまく動作

4 お日様の光も欲しいんですって、
みんなでお日様になりましょう。
きらきらきら

両手をきらきらさせる

5 お日様の光が当たったら、
ほら、ぐんぐん 大きくなりました。

両手を合わせて揺らしながら上へ動かし、最後にパッと開く

6 次郎さん、三郎さん、
四郎さんでも同様にする

次郎さんが畑を耕しました。
土がやわらかくなったところで、
レタスの種をまきました。
お水をやって、
お日様の光が当たったら、
ほら、ぐんぐん大きくなりました。

三郎さん　キュウリの種
四郎さん　トマトの種

7 さあ、歌いながらみんなも一緒に種をまきましょう。

♪ いちろうさんがはたけに　ニンジンをまいたらば　ぐんぐんぐんぐん　おおきくなりました

歌いながら動作をする。次郎さん、三郎さん、四郎さんでも同様にする

8 さあ、ニンジンも切って、キュウリも切って、
トマトも切って、レタスはちぎって、
ドレッシングをかけましょう。
おいしそうなサラダができました。
みんなで食べましょう。
いただきまーす。

切ったりちぎったりする
まねをして、
最後は食べるまね

このあとは

「このサラダをパンにはさむとサンドイッチになるねぇ、
今日のお弁当はサンドイッチにしましょう」などと言いながら
「サンドイッチ」（15ページ）につなげてもあそべます。

ひとこと

　トマトやキュウリは畑に直播き（じかまき）ではなく苗を植えるようですが、これはおはなしですので、動作が単純にすむよう、みんな直播きにしました。以前子どもに「ニンジンは地面の下で大きくなるんだよ」と言われて下に向けて「ぐんぐん」伸ばしていったこともあります。そうなるとレタスは横にふくらませたほうがいいかもしれません。ここに紹介した野菜以外でもいろいろあそんでみてください。サラダにはハムや卵も入れたいかもしれません。そんなときは「だれかおうちからハム持って来てくれない？」などと言って、調達しています。

♪ **一郎さんが畑に**　　　　　　　　作詞・作曲　藤田浩子

いちろうさんが　はたけに　ニンジンを　まいたらば
じろうさんが　はたけに　キュウリを　まいたらば
さぶろうさんが　はたけに　トマトを　まいたらば
しろうさんが　はたけに

ぐん　ぐん　ぐん　ぐん　おお　き　く　なり　ま　し　た

くるくるぽん

年齢別 あそび方

🌱 子どもをおひざに抱っこして子どもの手を持って、歌いながら手を回したり羽ばたいたりしましょう。

🌷 カラスとネコを、大人のまねをしてやってみましょう。

🍀 いろんな動物でやってみましょう。

1 カラスって黒い鳥、見たことあるかな？
こうやって手をばっさばっさと
動かしながら、カアカアって
鳴いてください。
♪カラスが　カアカア
　ないてます

両手を羽にして
ばたばたさせる

2 くるくるっと
こうやって、
♪くるくる

糸巻きのように
ぐるぐる腕を回す

3 それからお手手をたたきます。
♪ぽん
「くるくる」で手を回して、
「ぽん」で手をたたきます。
♪くるくるぽん
　くるくるくるくるぽん

「ぽん」で
手をたたく

4 じゃあ、もう一度やってみましょう。
♪カラスが　カアカア　ないてます
　くるくるぽん　くるくるぽん
　くるくるくるくる　ぽん

5
次はネコね、
これはネコのひげのつもりです。
お手手を広げてほっぺたのところにつけて。
ネコはなんて鳴くか知ってる？
ニャアニャアですね。では歌いますよ。

両手をひげにする

ニャア
ニャ〜

6 ♪こネコが　ニャアニャア
　ないてます
　くるくるぽん　くるくるぽん
　くるくるくるくるぽん

いろんな動物で やってみよう

キツネが　コンコン　ないてます（目尻を指で上げて）
こブタが　ブウブウ　ないてます（指で鼻を押して）
ウサギが　ピョンピョン　とんでます（両手を耳にして）
ヒツジが　メエメエ　ないてます（片手をあごひげにして）

🎵 **くるくるぽん**

作詞・作曲　藤田浩子

カラ　スが　カア　カア　　ないて　ま　す　　くる　くる　ぽん
こネ　コが　ニャア　ニャア　　ないて　ま　す　　くる　くる　ぽん

くる　くる　ぽん　　くる　くる　くる　くる　ぽん
くる　くる　ぽん　　くる　くる　くる　くる　ぽん

とんとん大工さん

🌱 0〜1歳半　🌷 〜4歳　🍀 4歳〜

🌱 子どもをおひざに抱っこして子どもの手を持って、大工さんだけやってみましょう。

🌷 2歳ぐらいまでは次々と動作が変わるのではなく、大工さんだけにするとか、パン屋さんだけにするなど、同じ動きを何回もくり返したほうが楽しめます。

🍀 大工さんとパン屋さんがじょうずにできるようになったら、だんご屋さんになったり、かき氷屋さんになったりしてみましょう。

1 ♪

とんとんとんとんだいくさん
とんとんとんとんだいくさん
とんとんとんとんだいくさん

両手を握って
たたき合わせる

2 ♪ おおきなおうちができました

両手を上にあげて
屋根の形を作る

3 ♪

ぱんぱんぱんぱんパンやさん
ぱんぱんぱんぱんパンやさん
ぱんぱんぱんぱんパンやさん

拍手をする

4 ♪ おいしいパンができました

両手でパンの形を作り、
「どうぞ」と差し出す動作

いろんなお店屋さんで やってみよう

ぺったらぺったんお餅屋さん　おいしいおもちができました（Ⓐ）
ころころころころだんご屋さん　まあるいだんごができました（Ⓑ）
がりがりがりがりかき氷屋さん　冷たいかき氷ができました（Ⓒ）
ちょきちょきちょきちょき床屋さん　すてきな髪になりました（Ⓓ）

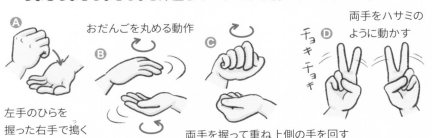

Ⓐ 左手のひらを握った右手で搗く

Ⓑ おだんごを丸める動作

Ⓒ 両手を握って重ね上側の手を回す

Ⓓ 両手をハサミのように動かす　チョキチョキ

♪ とんとん大工さん

作詞・作曲　藤田浩子

とん とん とん とん　だい くさ ん　とん とん とん とん　だい くさ ん
ぱん ぱん ぱん ぱん　パン やさ ん　ぱん ぱん ぱん ぱん　パン やさ ん
ぺっ たら ぺっ たん　　　　　　　　おもちゃ さん　ぺっ たら ぺっ たん　　　　　　　　おもちゃ さん

とん とん とん とん　だい くさ ん　おお きな おう ちが　でき まし た
ぱん ぱん ぱん ぱん　パン やさ ん　おい しい パン が　でき まし た
ぺっ たら ぺっ たん　おもちゃ さん　おい しい おも ちが　でき まし た

ひとこと

あそぶだけでなく、ぜひ「おはなし」にしてください。「大工さんはとんとん釘を打っておうちを建てます。みんなもとんとんしてみましょう」とか「小さいおうちにしようかな、大きいおうちにしようかな、赤い屋根がいいかな、Aちゃんのおうちがいいかな、Bちゃんのおうちがいいかな」などと語りかけます。

ひとやま こえて

年齢別 あそび方

🌱 0〜1歳半　💗 〜4歳　🍀 4歳〜

🌱 大人がやるのを見て楽しんでくれます。

💗 キツネはチョキで、タヌキはグーにしてやってみましょう。そのうちキツネを作れるようになりますが、タヌキは難しいようです。その場合はタヌキはグーでいいと思います。

🍀 タヌキも作れるようになってきます。「うめぼしこうこ」のところを、好きな食べ物を聞いて、「ハンバーグとポテト」などに替えてあそんでみましょう。

右手でキツネ、
左手でタヌキを作る

キツネ

タヌキ

タヌキはグーの手で
人さし指と小指を
少し持ち上げる

1 🎵 ひとやまこえて
　　　ふたやまこえて
　　　みやまのタヌキさん

右手のキツネを山を3つ
越えるように左に動かす

2 🎵 たんたん
　　　タヌキさん
　　　あそぼじゃないか

3 🎵 いーまはごはんのまっさいちゅう
🎵 おかずはなあに
🎵 うめぼしこうこ
🎵 ひとくちおくれ

キツネとタヌキが会話しているように交互に動かす

4 🎵 いやいやしーんー

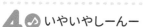

タヌキをキツネに
3回くらい軽く当てて

5 🎵 ぼー

最後は少し強く当てて
キツネを遠くに突き飛ばす

🎵 ひとやまこえて

わらべうた

ひとやま　こえて　　ふたやま　こえて　　みやまの　タヌキさん
たん　たん　タヌキさん　あそぼじゃ　ないか　いまは　ごはんの
まっさい　ちゅう　おかずは　なあに　うめぼし　こうこ
ひとくち　おくれ　いやいや　しんぼ

ひとこと

何回もくり返して楽しみます。何回行ってもキツネはタヌキに突き飛ばされて、そこが楽しいあそびです。行くたびに山の高さを高くしたり、突き飛ばされる動作を大きくしたりすると、飽きずにあそべます。

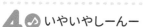

親子の キツネ

🌱 見て楽しむだけなら、1歳ぐらいでも楽しんでくれます。

💗 キツネをチョキの形でもグーの形でもいいことにすれば、一緒にやって楽しめます。

🍀 自分でやれるのは4歳ぐらいから。

1 高いお山のてっぺんに

両手で山の形を作る

2 親子のキツネが
　　おったとさ　おったとさ

キツネの形にした右手と左手を
順に出し左右に揺らす

3 親子のキツネは
　　連れだって

改めて右手と左手のキツネを
見せてからくっつけて

4 トコトコ散歩に
　　行ったとさ　行ったとさ

くっつけたまま揺らす

5 お山の坂道七曲がり

両手を合わせ
左右に7回
振りながら
前に進む

6 さらさら小川も
　　あったとさ　あったとさ

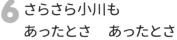

両手を下に
向け、上下に
揺らしながら
右から左へ動かす

7 母さん坊やを　おんぶして

右手のキツネに
左手のキツネを乗せ

左右に
動かしながら
前に進む

8 ぽちゃぽちゃ小川を
　　越えたとさ　越えたとさ

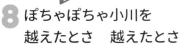

37

ぽんぽん
おなか

🌱0～1歳半　❤～4歳　🍀4歳～　✳小学生～

🌱 大人が子どものおなかや頭を軽くたたきます。

❤ このまま身振りをつけて歌ってみましょう。

🍀 「輪唱してみましょう」も楽しめるでしょう。

✳ 「小学生なら（1人輪唱）」に挑戦してみましょう。

1 ♪ ぽんぽんおなか

両手でおなかを軽くたたく

2 ♪ てんてんあたま

両手で頭を
軽くたたく

輪唱してみましょう

A、B 2組に分かれて輪唱しましょう。

※大人が1人ずつ前に出てそれぞれの動作をする

1 A組が「ぽんぽんおなか」と歌う間、
　B組は待っていて、

2 A組が「てんてんあたま」と歌い出すときに、
　B組は「ぽんぽんおなか」と歌い出す。

3 ♪ しゃんしゃんおてて

手をたたく

4 ♪ おじょうずね

両手を上にあげ、
きらきらさせながら
下にさげる

小学生なら（1人輪唱）

もっと難しく1人で輪唱してみましょう。

1 「ぽんぽんおなか」と歌うときは手は動かさず、

2 「てんてんあたま」と歌いながらおなかをたたき
　（「ぽんぽんおなか」の動作）、

3 「しゃんしゃんおてて」と歌いながら頭をたたき
　（「てんてんあたま」の動作）ます。

ひとこと

　幼い子から小学生までいるようなおはなし会だと、あまりやさしい手あそびでは小学生が気の毒なので、こんなふうにあそんでいます。このあそびだとそれぞれの年齢の子が、みんな楽しんでくれます。

♪ ぽんぽんおなか

作詞・作曲　藤田浩子

都見物

🌱 1歳ぐらいの子でも「ずるりペタクタコーロコロ」という音とリズムを楽しんで聞いてくれます。

🍀 年齢に合わせてゆっくりのところを増やしたり、速くするところをあまり速くしないようになど調節しましょう。

✿ 語り手の口がまわらないぐらい速くしても、動作を省略しないでついてきてくれます。

1 ヘビとカエルとタマゴが都見物の旅に出たんですって。どうやって行ったのでしょう？
ヘビは、
　ずるりずるり
と這って行ったんですって。
カエルは、
　ペタクタペタクタ
歩いて行ったんですって。
タマゴは、
　コロコロ
転がって行ったんですって。

ずるり　　**ペタクタ**　　**コーロコロ**

左右のひざを交互にたたく

両手を合わせてくねくねさせる

糸巻きのように腕を回す

2 ヘビがずるりと這えば、カエルがペタクタ、タマゴがコーロコロ。
ずるりペタクタコーロコロ
ずるりペタクタコーロコロ ＊
ずるりペタクタコーロコロ

＊の動作を一緒にしてもらう
「少し急いで」
「くたびれたからゆっくり」などと言いながら、速くしたり遅くしたり＊部分をくり返す

3 やっと都に着きました。
都には大きなお寺やお店がいっぱいあります。
ヘビはあちこち見ながら、あまりの賑やかさに驚いて、こう言ったんですって。
「へぇびっくりしたぁ、へぇびっくりしたぁ」
　カエルはすぐ飽きてしまって
「かえる、かえる、もう都は見たから帰る」
　タマゴは、
「たまぁにしか来ないんだから、もっとゆっくり見て行こうよ」

4 ヘビは「へぇびっくりしたぁ」
カエルは「かえる、帰る」
タマゴは「たまぁにしか来ないんだから」
って言ったんですって。

ひとこと

「ずるりペタクタコーロコロ」を速くしたりゆっくりにしたりするところが楽しいあそびです。最後の、「へぇびっくりした」「かえる（帰る）」「たまぁにしか」の言葉あそびが理解できるのは、小学生でしょうか。ここはわからなくても「ずるりペタクタコーロコロ」のリズムを楽しんでもらえれば、それでじゅうぶんと思っています。

手のひら絵本

♥ ~4歳　❀ 4歳~

♥ 見立てあそびが楽しめるようになると、この手のひら絵本もじょうずに楽しんでくれますが、2歳ぐらいではまだ無理かもしれません。でも少し大げさに大人が「読む」と聞いてはくれます。
初めは鳴き声とか動作のまねだけかもしれませんが、そのうち一緒に「読んで」くれるでしょう。

❀ 5歳児なら自分でおはなしを作れる子もいます。

1 これは私の本。
さあ、一緒に読みましょう。

右手を上にして両手を合わせ
めくる動作を一緒にしてもらう

2 表紙を開くとぉ…、

もったいぶってゆっくり言いながら、
開くときはサッと本を開くように
右手を動かし、手のひらを見る

3 まぁ！
ネコの絵が描いてあります。
私が読むから聞いててね。
　母さんネコが鳴いてます
　ニャーニャーニャー
　そばで子ネコも
　ミューミューミュー
　一緒になかよく
　鳴いてます

絵本を読んでいるように語る

4 さあ、このページはおしまい。

左手を動かし
両手を合わせる
（本を閉じる）

5 さぁ次のページをめくりましょう。
まぁ！　イヌの絵が描いてあります。
読むから聞いててね。
　母さんイヌがほえてます
　ワンワンワン
　そばで子イヌも
　キャンキャンキャン
　一緒になかよく　ほえてます

同様に手のひらを見て語り、
1ページ終わったら一度本を閉じる

6 次のページはなんでしょう。
おや！　ブタの絵が描いてあります。
　母さんブタが　食べてます
　バフバフバフ
　そばで子ブタも
　ハフハフハフ
　一緒になかよく
　食べてます
3ページの本おしまい。

最後は本を閉じる

7 もう1回読むからね。

同じ内容で、今度は「花ちゃんの本にもネコが描いてあるでしょ、
一緒に読みましょう」と誘い、「描いてある?」と聞いたりしながら進める

「描いてなーい」という子がいても、
「想像してみて?」とか
「描いてあることにしてよ」などと言って、
一緒に読んでもらっています。

子どもが楽しんでいるようなら

「では今度は別の本を読みます」と言って本を取り替えて、
「まぁ! この本にはカエルが描いてあります」と
前の本と同じように読みます。

母さんカエルが泳ぎます　スイスイスイ
オタマジャクシも　チョロチョロチョロ
母さんカメが散歩です　ノソノソノソ
背中で子ガメは　ラクチンラクチン
母さんクマが歩きます　ドスドスドス
そばで子グマも　トストストス

ひとこと

これは私が即席で作ったおはなしです。ウソッコのページをめくって、少し大げさに「まぁこのページは車がいっぱい、赤い車、青い車、…、いっぱい走っています」「まぁこのページには働く車がいっぱい!　ごみ収集車、消防自動車、…」「まぁこのページにはカラスが描いてあります。いろんなカラスがいますねぇ」など、なんでもすぐ「本」になります。

ちょこっと手品

宇宙人

宇宙人の声で
話してみましょう。

喉(のど)を手でたたきながら、声を震わせて話す

魚の歌

水の中で話すような声で
歌ってみましょう。

くちびるを指でぶるぶるさせながら、歌う

太郎くんと 花ちゃん

A、B、C、Dの4つの型を使っておはなしします。

 A
 B
 C
 D

1 これは太郎くんです。

2 これは花ちゃんです。

3 これは太郎くんのおうちです。

4 これは花ちゃんのおうちです。

右手A

左手A

右手B

左手B

両手B

5 さあ、おはなしを始めましょう。ある日太郎くんは、花ちゃんに会いたくなりました。

6 戸を開けて

7 外に出ると

8 戸を閉めて出かけて行きました。

右手C

右手D

右手A

上下に動かして左手に近づける

9 丘をくだり、丘を登り、丘をくだり、丘を登り、花ちゃんの家に着きました。

10 とんとん 返事がありません。とんとん

右手で左手をたたく

11 お留守のようです。
しかたがない、今日は帰りましょう。
丘をくだり、丘を登り、丘をくだり、丘を登り、
自分の家に着くと

上下に
動かして
右へ戻る

12
戸を開けて
中に入ると
戸を閉めて寝ました。

右手D

右手C

右手B

13 左手で同様にする
ある日花ちゃんは、
太郎くん会いたくなりました。
戸を開けて　外に出ると
戸を閉めて　出かけて行きました。

左手B

左手C

左手D

左手A

14
丘をくだり、丘を登り、丘をくだり、丘を登り、
上下に動かして右手に近づける
太郎くんの家に着きました。
とんとん
右手をたたく
返事がありません。
とんとん

15 お留守のようです。
しかたがない、
今日は帰りましょう。
丘をくだり、丘を登り、
丘をくだり、丘を登り、
上下に動かして左へ戻る
自分の家に着くと
戸を開けて　　左手D
中に入ると　　左手C
戸を閉めて寝ました。　左手B

16 両手一緒にやる
ある日
太郎くんと花ちゃんは
お互いに会いたく
なりました。
戸を開けて
外に出ると
戸を閉めて
出かけて行きました。

両手B

両手C

両手D

両手A

両手を矢印の
ように動かす

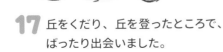

17 丘をくだり、丘を登ったところで、
ばったり出会いました。

18 太郎くんは右手を、花ちゃんは左手を動かす
太「あ、花ちゃん、こんにちは」
花「あ、太郎くん、こんにちは」
太「この間、花ちゃんちに行ったんだよ、
　　留守だったね」
花「あら、私も太郎くんちに行ったのよ、
　　留守だったけど」
太「ごめん、ごめん、
　　でも今日は会えたからあそべるね」

19 花「あそこの公園にすべり台があるわ、
　　　すべりましょ」
太「ぼくが先にすべろう！」
花「あら、私が先よ」
太「ぼくが先！」
花「私が先！」

右手を右に動かし
左手がそれを追いかける

20

太「ぼくが先だ！」
　　右手を止める
　　タッタッタッタッ
　　しゅー
花「今度は私ね」
　　タッタッタッタッ
　　しゅー

階段を登って
すべるように右手を動かす
左手でも同様にする
何回かくり返す

21

太「次はブランコに乗ろう」
花「今度は私が先よ」
太「いいよ、ぼく押してあげる
　　　いち、にい、さん、……、じゅう、代わって」
花「いいわ、今度は私が押してあげるね、
　　　いち、にい、さん、……、じゅう、代わって」
太「いや」
花「ずるいわねぇ、じゃ、
　　　ちょっとだけおまけ、
　　　おまけのおまけの汽車ぽっぽ
　　　ぽーっと鳴ったら代わりましょ　ぽっぽー」

左手で右手を押し、
右手はブランコのように
前後に揺らす
左右の手を替えて同様にする
何回かくり返す

22

太「ねえ、今度はシーソーしようよ」
花「そうね、じゃぁ太郎くんそっちに
　　　座って、私こっちに座るから」
太「じゃあいくよ」
　　ぎったん　　右手を下へ、左手を上へ
花「あれぇ、私下がらない」
太「ちょっとうしろにさがってごらん」
花「こんな高いところで動くのこわいよー」
太「じゃぁ、ぼくが少し前に行けばいいんだ」
　　ずずっ　　右手を少し左手のほうへ動かす
　　ばったん　　右手を上へ、左手を下へ
　　ぎったん、ばったん、
　　ぎったん、ばったん　　何回かくり返す

23

花「あら、お日様が沈みそう、
　　　今日はもう帰りましょう」
太「うん、いつかあっちの遊園地にも行きたいね」
花「遊園地の乗り物はお金がないと乗れないから、
　　　お母さんと一緒のときね」
太「うん、じゃぁ、そのときまで、さよなら」
花「そうね、さよなら、またいつかね」

2人はお互いに、丘をくだり、丘を登り、
17と逆の動きで左右に離れる
家に着くと
戸を開けて　　両手**D**
中に入って　　両手**C**
戸を閉めて寝ました。　両手**B**
とっても疲れていましたのでね。

●このおはなしは、アメリカのストーリーテラーのフラン・ストーリングスさんから聞いた
「ブラウンさんとブラックさん」をアレンジしました。

もっとあそぶなら

次の日に遊園地に行くおはなしを
追加してもいいでしょう。

メリーゴーランド
上下に動かしながら
水平に円を描く

観覧車

**ジェット
コースター**

第3章 手合わせやジャンケンであそぼう

お友だち同士で手合わせやいろんなジャンケンあそびをしてみましょう。

ゆっくりした速さから始めて、だんだんと速くしていきましょう。

こういうあそびを通じて、指や手がじょうずに動かせるようになるだけでなく、

あそびのルールなどを理解する、お友だちと競ってあそべるようになることも大切です。

♪かったよ

キツネの体操

1 キツネの体操　始めましょう。
うーえ　上向いて戻します。しーた　下向いて戻します。
うーえ　しーた … …　くり返す

上を向いて

戻す

下を向いて戻す

2 みーぎ　右向いて戻します。ひだり　左向いて戻します。
みーぎ　ひだり … …　くり返す

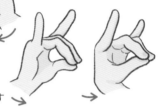

右を向いて戻す

左を向いて戻す

3 お口を大きくあけましょう。戻します。
お口を小さくあけましょう。戻します。
大きく　小さく … …　くり返す

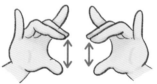

大きくあけて戻す

小さくあけて戻す

ひとこと

　このあそびだけではありませんが、指を動かすあそびは脳を刺激します。左右違う動きをしたり、「しゃくとりむし（手あそび）」（48ページ）のように、往きと帰りの難易度が違ったりすると脳をより刺激させるでしょう。ちょっと難しい手あそびはおすすめです。

4
右のお耳をぴくぴくぴく。
左のお耳をぴくぴくぴく。
みーぎ　ひだり
… …
くり返す

右人さし指と左小指を動かす

右小指と
左人さし指を動かす

5 はい　おしまい

トンカチと カンナ

年齢別 あそび方

❤〜4歳　❀4歳〜　✿小学生〜

❤ 両手ともトンカチにして両ひざをたたきましょう。次に両手ともカンナにして両ひざをこすりましょう。

❀ 初めは右手のトンカチだけやり、次に左手のカンナだけやり、それから一緒にやってみましょう。

✿ 初めは左右を取り替えないでやってみましょう。慣れたら取り替えます。

1 右手をグーで
トンカチにして
右ひざをたたきます。
トンカチ　トントン

2 左手はパーで
カンナにして
左ひざを
こすります。
カンナは
シューシュー

3 右手トントンと
左手シューシューを
一緒に動かします。

4 「取り替えて」と
言ったら、
左手をトンカチに、
右手をカンナにします。

ちゃちゃつぼ

❀ ゆっくりやればあそべます。

✿ 速さを競ってあそびます。

❶〜❹を言葉に合わせてくり返し、
最後は、底が無くなって、ふたがあれば成功です。

※休符「𝄽」のところは動作も休む

❶ ちゃ

握った左手の上を
右手でたたく

❷ ちゃ

同様に下をたたく

❸ つ

握った右手の上を
左手でたたく

❹ ぼ

同様に下をたたく

| ❶ | ❷ | ❸ | ❹ | ❶ | ❷ | ❸ | | ❹ | ❶ | ❷ | ❸ |
|ちゃ|ちゃ|つ|ぼ|ちゃ|つ|ぼ|𝄽|ちゃ|つ|ぼ|にゃ|

| ❹ | ❶ | ❷ | | ❸ | ❹ | ❶ | ❷ | ❸ | ❹ | ❶ | |
|ふた|が|ない|𝄽|そ|こ|とっ|て|ふた|に|しょ|𝄽|

♪ **ちゃちゃつぼ**　　わらべうた

ちゃ ちゃ つ ぼ ちゃ つ ぼ ちゃ つ ぼ にゃ

ふた が ない そ こ とっ て ふた に しょ

しゃくとり むし（手あそび）

🌱💜　16ページのあそび方であそびましょう。

🍀　16ページのあそび方だけでなく、ゆっくりならこのあそび方ができるようになる子もいます。

❋　歌のリズムに合わせて指を動かしてみましょう。できるようになったら、歌の前半は上り、後半は下り（下りは難しい）にしてみましょう。

あそび方Ⓐ 上り

❶❷を歌に
合わせて
くり返します。

❶ しゃくとり

左親指と右人さし指、左人さし指と右親指をくっつけて、下側の指を離し、上側に持ってきてくっつける

❷ むし

同様に下側の指を離して上側でくっつける

あそび方Ⓐ 下り

今度は上側の指を離して
下側にくっつけます。
❶❷を歌に合わせて
くり返します。

❶ しゃくとり

上側の指を離して、下側に持ってきてくっつける

❷ むし

同様に上側の指を離して下側でくっつける

♪ しゃくとりむし

わらべうた

しゃく とり む し しゃく とり む し どこ いく の

しゃく とり む し しゃく とり む し さん ぽ です

❶	❷	❶	❷	❶	❷	❶	𝄽
しゃくとり	むし	しゃくとり	むし	どこ	いく	の	
❷	❶	❷	❶	❷	❶	❷	𝄽
しゃくとり	むし	しゃくとり	むし	さん	ぽで	す	

♪ The Itsy Bitsy Spider

The it - sy bit - sy spi - der went up the wa - ter spout.

Down came the rain and washed the spi - der out.

Out came the sun and dried up all the rain. And the

it - sy bit - sy spi - der went up the spout a - gain.

※休符「𝄽」のところは動作も休む

あそび方Ⓑ 上り

❶～❹を歌に合わせてくり返します。

左右の親指どうし、人さし指どうしをくっつける

❶ しゃくとり

右親指を右人さし指につける

❷ むし

右人さし指を離して上に開く

❸ しゃくとり

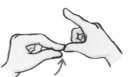

左親指を左人さし指につける

❹ むし

左人さし指を右人さし指にくっつける

あそび方Ⓑ 下り

今度は下にさがっていきます。❶～❹を歌に合わせてくり返します。

左右の親指どうし、人さし指どうしをくっつける

❶ しゃくとり

右人さし指を右親指につける

❷ むし

右親指を離して下に開く

❸ しゃくとり

左人さし指を左親指につける

❹ むし

左親指を右親指にくっつける

イッチビッチスパイダー
※楽譜は48ページ

♪ The itsy bitsy spider went up the water spout. (Ⓐ)
Down came the rain and washed the spider out. (Ⓑ)
Out came the sun and dried up all the rain. (Ⓒ)
And the itsy bitsy spider went up the spout again. (Ⓐ)

❶	❷	❸	❹	❶	❷	❸	❹
しゃくとり	むし	しゃくとり	むし	どこ	いく	の	～
しゃくとり	むし	しゃくとり	むし	さん	ぽで	す	～

Ⓐ 「しゃくとりむし」と同じ指づかい

Ⓑ 両手を上から下へ動かす

Ⓒ 両手を上から横へ、きらきらさせる

ひとこと

日本ではしゃくとりむしあそびとして伝えられてきた指づかいが、アメリカではクモの歩みとして伝えられてきているのがおもしろいと思い、アメリカのあそびも紹介します。
「クモさん雨樋登っていたら　ザーザー雨降り流された
お日様出てきて乾かしたので　クモさんも一度登ったよ」
という歌です。

※itsy bitsy：ちっちゃなちっちゃな

49

おいらはジョー

❤ 3歳くらいから楽しめます。

✿ 5歳くらいになると「えー！　まだ続くのぉ」と言いながら、最後の舌を出すところを楽しんでくれます。

✻ 脚を伸ばしたり縮めたりするとき、脚を床につけずにやってみましょう。

1 ヘイ！　おいらはジョー
家族は女房と3人の子
まじめに働く工員さ
ある日、社長が言ったんだ
「ジョー、おまえ忙しいかね」
「いんや」
「それならボタンを押してくれ
　右手で押せばいいだけさ」（＊）
「ようがす」

右手を伸ばしたり
縮めたりする

2 右手を動かしながら同様に語る
ヘイ！　おいらはジョー
家族は女房と3人の子
まじめに働く工員さ
ある日、社長が言ったんだ
「ジョー、おまえ忙しいかね」
「いんや」
「それならボタンを押してくれ
　左手で押せばいいだけさ」
「ようがす」

両手を伸ばしたり
縮めたりする

3 両手を動かしながら同様に語り、
＊の部分を次のように変え、
動かすところを増やす

＊→右足で押せばいいだけさ

両手に加えて、
右脚も伸ばしたり
縮めたりする

4 ＊→左足で押せばいいだけさ

両手・右脚に加えて、
左脚も伸ばしたり縮めたりする

5 ＊→頭で押せばいいだけさ

両手・両脚に加えて、
頭も前後に振る

6 ＊→舌で押せばいいだけさ

両手・両脚・頭に加え、
舌も出したり引っ込めたりする

7 両手・両脚・頭・舌を動かしながら舌足らずな言い方で語る

ヘイ！　おいらはジョー
家族は女房と3人の子　まじめに働く工員さ
ある日、社長が言ったんだ
「ジョー、おまえ忙しいかね」

フッフー（ムリー）

8「当たりめえだぁ！」

両手を上げて
怒る

●このあそびは、アメリカのストリーテラーの
フラン・ストーリングスさんから聞きました。

ひとこと

　おはなし会などで、子どもたちが疲れてきたときにやると喜ばれます。脚を伸ばしたり縮めたりするときは、脚を床につけないのが元々のあそび方ですが、無理なときは床につけたまま伸ばしたり縮めたりしてもいいことにします。それまでに何度も聞いた言葉ですから、舌を出すときには、多少言葉が不明瞭でも舌を出したまま語ると、子どもたちは喜んでくれます。

　おはなし会のプログラムを考えるときには、たとえプログラムには書かないとしても、こういうあそびを2つ3つ用意しておくと役立ちます。そしてその後また静かに聞いてもらえます。

あそんでみよう
いちじくにんじん

1 いちじく　にんじん　さんしょに　しいたけ
ごぼうに　むかごに　ななくさ　ほい

　　手を1回ずつたたきながら「いちじく」「にんじん」…
　　「ほい」と言う

2 太郎ちゃんににんじんを
あげましょう。
太郎ちゃんににんじんを
あげてしまいましたから、
「にんじん」のところは
手をたたかないで、
声も出さないようにして、
もう一度やってみましょう。

ホイッ
ホイッ

いちじく、
○○○○

3 いちじく　□□□□
さんしょに　しいたけ
ごぼうに　むかごに
ななくさ　ほい

□□□□のところは
手もたたかないで
何も言わない

4 同様に、Aちゃんにななくさ、Bちゃんにごぼう…と
あげていき、その部分は手をたたかず何も言わない。
最後「ほい」だけになったら終わり。

かっぱ

🌱 0〜1歳半　💗 〜4歳　🍀 4歳〜

🌱 「かっ」と「ぱ」のところで手をたたきます。できるようなら「あたまにおさら」のところで手を上げてみましょう。大人が手を持ってやってあげてもいいです。

💗 大人相手に手を合わせてあそびましょう。

🍀 子どもどうしで手を合わせてあそんでみましょう。できるようになったら、「3人以上であそぶときは」に挑戦してみましょう。

かっ ぱ かっ ぱ
かっ ぱっ ぱ
あたまにおさらの
かっ ぱっ ぱ

1 ♪ かっ ぱ かっ ぱ かっ ぱっ ぱ

「かっ」は拍手

「ぱ」は相手と両手を合わせる、
「ぱっぱ」は相手と2回

2 ♪ あたまにおさらの

両手を頭に乗せる

3 ♪ かっ ぱっ ぱ

「かっ」は拍手、
「ぱっぱ」は相手と
2回手を合わせる

4 2番3番も同様

2番 ♪
せなかに
こうらの

手を背中に
当てる

3番 ♪
てあしに
みずかき

両手を広げて揺らす

3人以上で
あそぶときは

3人または数人で
手を合わせます。

♪ **かっぱ**　　　作詞・作曲 藤田浩子

かっ ぱ かっ ぱ かっ ぱっ ぱ　あたまにおさらの　かっ ぱっ ぱ
かっ ぱ かっ ぱ かっ ぱっ ぱ　せなかにこうらの　かっ ぱっ ぱ
かっ ぱ かっ ぱ かっ ぱっ ぱ　てあしにみずかき　かっ ぱっ ぱ

♪ **せっせっせ**　　　わらべうた

せっ せっ せ の よい よい よい

♪ **林の中から**　　　わらべうた

はやしのなかから　おさむらいが　エッ ヘン エッ ヘン
そのまたあとから　おぼうさんが　ナム ナム ナム ナム

林の中から

🖤 ~4歳　🍀 4歳~

🖤 大人相手ならできるでしょう。無理なら「エッヘンエッヘン」の部分だけでも。

🍀 子どもどうしでやってみましょう。じょうずになったら、3人や4人で。

※楽譜は52ページ

1 ♪ せっせっせーの

手をつないで
上下に振る

2 ♪ よいよいよい

手を交差させて
上下に振る

3 ♪ は や し の な か か ら お さ む ら い が

赤い字のところは
左手は上を向けたままで、
右手で自分の左手をたたく

青い字のところは
左手は上を向けたままで、
右手で相手の左手をたたく

4 ♪ エッヘンエッヘン（Ⓐ）

Ⓐ~Ⓖのところは
それぞれのまねをする

せっせっせーの　よいよいよい

は や し の な か か ら お さ む ら い が

エッヘンエッヘン（Ⓐ）

そ の ま た あ と か ら お ぼ う さ ん が

ナムナムナムナム（Ⓑ）

そ の ま た あ と か ら や ま ぶ し が

ブオーブオー（Ⓒ）

（同様に「そのまたあとから」に続けて以下のように歌う）

きん ぎょや さ ん が　キンギョーえーキンギョ（Ⓓ）

あ ね さ ま が　シャナリシャナリ（Ⓔ）

ば さ ま が　ヨッタラヨッタラ（Ⓕ）

お ば け が　ウラメシヤ～（Ⓖ）

ひとこと

　ジャンケンでも手合わせでも、相手とリズムが合わないと、うまくあそべません。それで、最初に「せっせっせーのよいよいよい」とか「せっせっせーぱりとせ」とかリズムを合わせるための歌を歌いました。意味は特にないと思いますが、私があそんできた福島だけでなく、全国的にこの掛け声で手合わせが始まっていたようです。けれど何度もやってお互いがじょうずになってきたときとか、気の合う仲間とあそぶときには省略することもありました。またこの歌にはつけるけれど、この歌にはつけないなどすべての手合わせにつけたわけでもありません。

53

※「せっせっせーのよいよいよい」（または「せっせっせーぱりとせ」）は手合わせあそびの初めにする共通の動作

桃太郎さん（手合わせ）※「せっせっせーのよいよいよい」（53ページ）を最初にやる

> せっせっせーの　よいよいよい
> もー　ーも　たろう　さん　もも　たろう　さん（Ⓐ）
> おこ　しに　つけ　た　きび　だん　ご（Ⓑ）
> ひと　つ　わた　しに　くだ　さい　な（Ⓒ）

1 赤い字のところは右手で自分の左手をたたき、
　青い字は相手の左手をたたく（「林の中から」（53ページ）参照）。
2 Ⓐの「さん」でグーを出す。
3 同様の要領で続けて、Ⓑの「ご」でチョキ、Ⓒの「な」でパーを出す。

🐻 ひとこと

　昔話「桃太郎」は、本来子育て民話なのですが、戦争中領土略奪の旗振り役として国に利用されました。ですから文部省唱歌のこの歌も2番から6番まで歌い進んでいくと、略奪色が強く出てきます。それで1番の歌詞だけであそんでいます。

♪ 桃太郎

文部省唱歌　作曲：岡野貞一

も　も　た　ろう　さん　も　もた　ろう　さん　お　こし　に　つけた
き　び　だん　ご　ひ　と　つ　わた　しに　く　ださ　い　な

おちゃらか ※「せっせっせーのよいよいよい」（53ページ）を最初にやる

> せっせっせーの　よいよいよい
> おちゃ　らか　おちゃ　らか　おちゃ　らか　ほい（Ⓐ）
> **おちゃらかかったよ**（おちゃらかまけたよ）（Ⓑ）
> 　（あいこの場合は「おちゃらかあいこで」）
> おちゃ　らか　ほい（Ⓐ）　＊

1 赤い字のところは右手で自分の左手をたたき、
　青い字は相手の左手をたたく（「林の中から」（53ページ）参照）。
2 Ⓐの「ほい」でジャンケンをする。
3 Ⓑのところは勝ったほうは「おちゃらかかったよ」と歌って万歳、
　負けたほうは「おちゃらかまけたよ」と歌ってお辞儀、
　あいこだった場合は2人とも「おちゃらかあいこで」と歌って腰に手を当てる。
4 ＊の部分を何度もくり返す。

♪ おちゃらか

わらべうた

お　ちゃ　ら　か　お　ちゃ　ら　か　お　ちゃ　ら　か　ほい
お　ちゃ　ら　か　った（ま　け　たた）よ（あ　い　こ）（で）　お　ちゃ　ら　か　ほい

いちばち にばち

※大人数であそぶ

（片手だけ使う。人数が少ない場合は両手で）
＜6人の場合＞

1 「いちばちとまった」と言いながら A ちゃんの手の甲を B ちゃんがつまむ。

2 「にばちとまった」と言いながら B ちゃんの手を C ちゃんがつまみ…と、「ごばち」の F ちゃんまで同様につまむ。

3 「ろくばち」は、一番下の A ちゃんの手をはずして一番上の F ちゃんの手をつまむ。

4 「しちばち」は B ちゃんの手をはずし、A ちゃんの手をつまみ…と、「とっくりばち」まで同様にやるが、「くまんばちゃ…」は少し痛くつまんで「とっくりばちゃ…」は痛くつまむ。

5 「とっくりばち」と言ってつまんだ E ちゃんは抜ける。そのとき一番下の F ちゃんからまた「いちばち」と言いながら2回目を始める。

6 最後まで残った人が次のあそび（かくれんぼなど）のオニになったり、「しっぺ」あそび（63ページ）の一番下に手を置く人になる。

ひとこと

痛くつまむのは、「くまんばち」と「とっくりばち」だけという約束を守ることも大切です。本当はとっくり蜂よりくまん蜂のほうが痛そうですが、言葉の順としてとっくり蜂のほうを痛くします。

- A ❻ ろくばちとまった
- F ❺ ごばちとまった
- E ❹ しばちとまった
- D ❸ さんばちとまった
- C ❷ にばちとまった
- B ❶ いちばちとまった
- A

いてっ

- ❿ とっくりばちゃ もっといたい
- ❾ くまんばちゃ いたいぞ
- ❽ はちばちとまった
- ❼ しばちとまった

だんごだんご食うべ

※大人数であそぶ

＜4人の場合＞

1 両手をグーにして、図のようにみんなで重ねる。オニは片手だけ重ねる。

2 オニが「だんごだんごくうべ…」と言いながら、下から順に指さしていき、一番上までさしたら下に戻っていく。

3 最後の⓬「べ」に当たった手は抜ける。

4 最後まで残った人が次のオニになったり、「しっぺ」あそび（63ページ）の一番下に手を置く人になる。

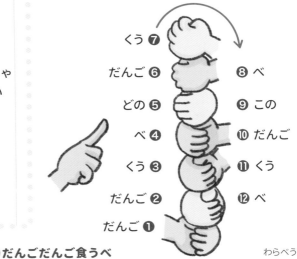

- くう ❼
- だんご ❻
- どの ❺
- べ ❹
- くう ❸
- だんご ❷
- だんご ❶
- ❽ べ
- ❾ この
- ❿ だんご
- ⓫ くう
- ⓬ べ

♪ だんごだんご食うべ　　　　わらべうた

だん ご だん ご く う べ　ど の だん ご く う べ　こ の だん ご く う べ

キツネか  タヌキか

❀ 4歳～   ✿ 小学生～

❀ 変形ジャンケンあそびです。ルールがわからないとおもしろくないので、ルールをしっかり説明しましょう。組み分けのときは、人数が不釣り合いでも文句を言わない約束をします。

1♪
やまみちさかみち
やーってきたのは
キツネかタヌキか
タヌキかキツネか

両腕を振って歩くまね

2♪ えっさっ

両手を
うしろに隠し

3♪ さ

キツネ   タヌキ

手を握る

最後の「さ」でキツネかタヌキを出す

4 ＜ジャンケンあそびの場合＞
キツネを出した人が少なければ、
キツネを出した人の勝ち。

＜組み分けあそびの場合＞
そのままキツネとタヌキの
2組に分ける。

※人数が不釣り合いでも構わないときの
組み分けあそび

背戸の柿の実

1♪ せーどのかきのみ
あまいか　しぶいか
しぶいか　あまいか

つないだ手を振りながら歌う

※背戸：家の裏口、または裏手

2♪ えっさっ

手を離して
うしろに隠し

3♪ さ

甘い   渋い

両手で頬を押さえる   舌を出す

最後の「さ」で甘いか渋いの動作をする

4 ＜ジャンケンあそびの場合＞
甘いの人が少なければ、
甘いの人の勝ち。

＜組み分けあそびの場合＞
そのまま甘いと渋いの2組に分ける。

※人数が不釣り合いでも構わないときの
組み分けあそび

♪ **キツネかタヌキか**   わらべうた

♪ **背戸の柿の実**   わらべうた

グーパージャン

❀「グーパーグーパーグーパージャン」と掛け声をかけてあそびます。

❀「慣れてきたら」のあそび方であそびます。

1　オニを決めるときなどにやるジャンケンで、グーとパー（まはたグーとチョキ、パーとチョキ）だけで勝負する。

2　「グーパージャン」にするか「グーチョキジャン」にするか「パーチョキジャン」にするかはリーダーが決める。

3　＜グーパージャンの場合＞
リーダーが「グーパーグーパーグーパージャン」と言って、最後の「ジャン」で勝負する。

4　あわててチョキを出した人が負け。全員グーとパーだけならグーの人が負け。

慣れてきたら

掛け声を「グーパーグーパーグーパージャン」ではなく、いきなり「グーパージャン」とか「グーチョキジャン」と言って勝負します。

足ジャンケン

グー
足を閉じる

チョキ
足を前後に開く

パー
足を横に広げる

ひとこと

ジャンケンや手合わせは、相手とリズムが合わないとうまくあそべません。それで「ジャンケンほかほか北海道」とか「ジャンケンぽっくりげたひよりげた」などと歌いました。今は「最初はグー」だけになってしまいましたが、昔はこんな歌を歌いながらリズムを合わせたのです。「にぎりぱっちり」の歌は、今はスカーフあそびとして歌う方も多いのですが、元は足ジャンケンの歌です。

足ジャンケンであそんでみよう🅐

🎵にーぎり　ぱっちり　たて　よこ　ひよ　こ
（グー　　　パー　　チョキ　パー　　グー）

足でグーパーチョキパーグーと出し、最後の「こ」で勝負をする

足ジャンケンであそんでみよう🅑

たて　たて　よこ　よこ　まる描いて　ちょん
（チョキ　チョキ　パー　パー　　グー）

最後の「ちょん」で勝負をする

🎵にぎりぱっちり

わらべうた

に　ぎ　り　ぱっ　ち　り　た　て　よ　こ　ひ　よ　こ

ジャンケンいろいろ

ロジャンケン

グー	チョキ	パー
口を閉じる	舌を出す	口を開く

腕ジャンケン

グー	チョキ	パー
両手を胸で交差	両手を上にあげる	両腕を横に伸ばす

ひとこと

私がこのジャンケンをよく使ったのは、「グリコ・チョコレイト・パイナツプル」のあそびのときです。ジャンケンをする相手と遠く離れてしまうと手がよく見えないので、からだで表現したのです。

虫拳（けん）

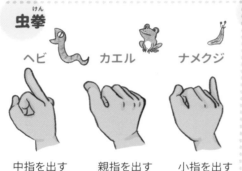

ヘビ	カエル	ナメクジ
中指を出す	親指を出す	小指を出す

ヘビはカエルを食べる（ヘビが勝ち）
カエルはナメクジを食べる（カエルが勝ち）
ナメクジはヘビを溶かす（ナメクジが勝ち）

清正拳（きよまさ）

清正　　トラ　両手を耳にしてトラのまね　母親
槍（やり）を持つまね　　杖をつくまね

清正はトラを槍（やり）で退治する（清正が勝ち）
トラは母親を食べる（トラが勝ち）
母親は清正を育てた（母親が勝ち）

狐拳（きつね）

庄屋さん　狩人（かりうど）　キツネ
いばる　鉄砲を撃つまね　両手を耳にしてキツネのまね

庄屋さんは狩人（かりうど）から毛皮を買い取る（庄屋さんが勝ち）
狩人はキツネを撃つ（狩人が勝ち）
キツネは庄屋さんを化（ば）かす（キツネが勝ち）

ひとこと

ジャンケンは日本やアジア諸国の得がたい「オニ決め」あそびだと思います。西洋ではコインの裏表で勝ち負けを決めたりするそうですが、ジャンケンはグーがチョキに勝ち、チョキがパーに勝ち、パーがグーに勝つので、2人でも10人でも使うことができます。今は全国的にジャンケンポンになってしまいましたが、私が子ども時代を過ごした福島では「チ・ケ・タ」でした。他にも「チッチのチ」とか「ジャラケツホ」などいろいろあったようです。かこさとしさんの研究によれば千数百あるようです。指の形もグーとパーは同じでもチョキは人さし指と中指ではなく、親指と人さし指のところもありました。単純で、しかも奥が深いので、昔の子どもたちもいろいろなあそび方を考えたのでしょう。また少しでも長くあそぶために、ジャンケンの前歌がやたら長くなってきたのかもしれません。

ジャンケン歌いろいろ

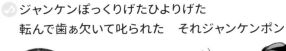

♪じゃん けん ほか ほか ほっかい

♪
ジャンケン
ほかほか
北海道

ジャンケンする手をグーで振り、
最後の「どう」で勝負する

どう

<あいこだった場合>

♪ あいこで
アメリカ
ヨーロッパ

同様にグーで振り、
最後の「パ」で
勝負する

♪ **ジャンケンほかほか**　　　わらべうた

ジャン ケン ほ か ほ か ほっ か い どう
あい こ で ア メ リ カ ヨー ロッ パ

♪ ジャンケンぽっくりげたひよりげた
転んで歯ぁ欠いて叱られた　それジャンケンポン

ジャンケンする手をグーで振り、
最後の「ポン」で勝負する

♪ **ジャンケンぽっくりげた**　　　わらべうた

ジャン ケン ぽっ く り げ た ひ よ り げ た
こ ろ ん で は ー ぁ か い て し か ら れ た

♪ パー　　　グー　　　　チョキ
皿に　ぼたもち　箸添えて　それジャンケンポン

さらに

ぼたもち

はし
そえて

パーを出す

次の人はパーの上にグーを乗せる

最後の「ポン」で勝負する

次の人は
グーの横に
チョキを添える

※4人以上の場合は「ぼたもち」（グー）を複数にする

♪ **皿にぼたもち**　　　わらべうた

さ ら に ぼ た も ち は し そ え て

♪ チョキ　　　パー　　　グー　　　チョキ　　　パー　　　グー
ちょっと　ばあさん　おにぎり　ちょうだい　紙に　つつんで

グー　　　チョキ
おにぎり　ちょうだい　ジャンケンポン

ちょっと

ばぁさん

おにぎり

チョキパーグー…と、言葉に合わせて出し、
最後の「ポン」で勝負する

ひとこと

　この歌はジャンケンをより楽しくするために前ふりとして歌ったのですが、そのうち独立したあそびとして、いかに速く言葉も動作も間違えずにできるかを競うあそびにもなりました。「げんこつ山」や「お寺の和尚さんがかぼちゃのタネを…」が、最初はジャンケンが主役だったのにいつの間にかジャンケンが付け足しになってしまったのと同じです。

59

なぞなぞ

年齢別 あそび方

♥ ～4歳　✿ 4歳～　❀ 小学生～

♥ 「幼い子向け」のなぞなぞならできます。

✿ からだの部位や日常使っている物の名前などを確認するためのものがいいでしょう。さかさ言葉も2文字ならできます。

❀ 自分の名前をさかさに言ったりできるようになります。

顔の中に2つあるものは？
→ 目、耳、まゆげ、鼻の穴、ほっぺ

切っても切っても伸びてくるものは？
→ 髪、爪（つめ）

幼い子向け

手を洗ったあとに使うものは？
→ タオル、ハンカチ

外に行くときに履（は）いていくものは？
→ 靴、長靴

世界のまん中にいる虫は？
ヒント：「せ・か・い」のまん中ですよ
→ 蚊

目をつぶっていても見えるものは？
ヒント：夜お布団の中で見るよ
→ 夢

お布団に入る前に言うあいさつの言葉は？
→ おやすみなさい

同様に、ご飯を食べる前、ご飯を食べたあと、出かけるときなど

おはなしをきくのはどぉこ？
→ 耳

さかさに読むとなぁんだ

さかさに読むと別のものに変わる言葉

かい（貝）→ イカ

なす → すな（砂）

いた（板）→ たい（鯛）

自分の名前をさかさに読んでみよう

意味のある言葉にならなくても楽しめます。

さくら　↔　らくさ
ゆうま　↔　まうゆ
ひな　↔　なひ
はると　↔　とるは
ゆい　↔　いゆ

早口言葉

年齢別
あそび方

❤～4歳　✿4歳～　❀小学生～

🌼 やさしいものをゆっくり言って楽しめます。同じ言葉がくり返し出てくるものがいいでしょう。

🌸 練習することを楽しめるようになります。

❀ 速く言えるようになります。

あかパジャマ
きパジャマ
あおパジャマ

カエルぴょこぴょこ
みぴょこぴょこ
あわせてぴょこぴょこ
むぴょこぴょこ

幼い子向け

あかまめ
くろまめ
みどりまめ

あつい
さむいに
あたたかい

さむい

おやガメのうえにこガメ
こガメのうえにまごガメ
まごガメのうえにまごまごガメ

どじょうにょろにょろ
みにょろにょろ
あわせてにょろにょろ
むにょろにょろ

あさごはん
ひるごはん
ばんごはん

おおきい
ちいさい
ちゅうぐらい

おーきい！

🌼 手の振りをつけて
あそぶと、
より楽しめます。

さかさから読んでも同じ言葉や文（回文）

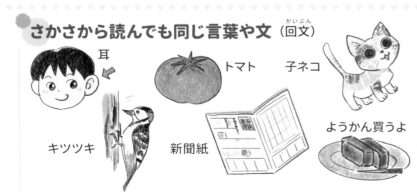

耳
トマト
子ネコ
キツツキ
新聞紙
ようかん買うよ

良い初夢にするための回文

**なかきよの　とおのねふりの　みなめさめ
なみのりふねのおとのよきかな**

（長き夜の　遠の眠りの　皆目覚め　波乗り船の　音の良きかな）
1月2日の初夢の夜（1日ではなく）に、この言葉を書いて枕の下に入れておきます。いい夢を見たら翌朝そのまま読むと正夢になります。悪い夢だったらさかさに読みます。そうすると逆夢になります。

また、「一富士 二鷹 三なすび」とは、初夢で見ると縁起が良いとされている3つです。

最初に「あ」がつくもの なぁんだ

♥〜4歳　✿4歳〜

♥ ごくやさしいものを大人がヒントを与えながらあそびましょう。

✿ 言葉あそびのルールがわかってくると、どんどん楽しんでくれます。大人が少しヒントを与えるといいかもしれません。

最初に「あ」がつくものなぁんだ

「あ」から始まる言葉を出してもらう

例
足　アリ　朝　あご　赤　青　頭
あくび　朝顔　あかんべー

同様に、最初に「い」がつくもの、「か」がつくものなどで。

言葉のどこかに「ん」が 入っているものなぁんだ

例
カバン　絵本　えんぴつ
電話　カンガルー

冬至の頃「ん」がつくものを食べるとからだにいいと言われてきました。

みかん　きんかん　レンコン　大根
ニンジン　ニンニク　冬瓜　こんにゃく
昆布　だんご　あんこ　など

少し大きい子なら

・「部屋の中にある物」とか「からだの名前」など、制限をつける。

・「あ」を2つ使って文にする。
　例　あかるいあさ　あるくのはあし　ありのあな

・「もち」など2文字の言葉がつくものを探す。
　「もち」がつくもの
　例　あんもち　きなこもち　しりもち　かんしゃくもち
　「あい」がつくもの
　例　はなしあい　たすけあい　めぐりあい　だましあい

あい

ひとこと

　言葉あそびは何もなくてもあそべます。「しりとり」にしても「回文（さかさ言葉）」にしても、何も要りません。どこでも手軽に楽しめるあそびです。言葉あそびは、大勢であそべるものもありますが、「しりとり」や「さかさ言葉」などあまり大勢だと興味が薄れてしまうものもあります。親子であそぶのが一番楽しいと思うのです。ですから、電車やバスに乗るときや、レストランや病院の待ち時間が長いときなど、親子であそぶ絶好のチャンスです。ゲームやビデオなどの機械に任せる前に、ぜひ楽しんでください。
　以前は幼稚園や保育園の遠足ではバスの中で言葉あそびをするのがあたりまえでしたが、今はバス会社がおもしろいビデオを用意してくれますので、それにお任せです。残念なことだと思っています。

あそんでみよう

しっぺ（竹箆）

※2人以上であそべる

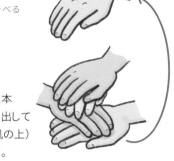

1 みんな指を2本（または5本）出して床（または机の上）に重ねて置く。

2 一番下の手の人が手を抜いて、上にある誰かの手をたたく。上の手の人はたたかれないように手を引っ込める。みんなが素早く手を引っ込めれば、誰の手もたたけず床をたたくことになる。

ベロの神様（オニ決め歌）

1 オニが図のような曲がった小枝を持って、歌いながらくるくる回す。

2 歌い終わったときに枝の先が向いているところにいる人がオニ。

♪べろしゃ〜
べろしゃ

♪ ベロの神様　　　　　　わらべうた

ペ　ろ　しゃ〜ペ　ろ　しゃ　　ベ　ろ　の　か　み　さ　ま　う　そ　こ　か　ね

ちょこっと豆知識

大の月小の月

大の月：31日まである月
1月 3月 5月 7月 8月 10月 12月

小の月：30日までの月
（2月は28日または29日）
2月 4月 6月 9月 11月

西向く士　小の月

小の月を覚える言葉
に　　し　　む　　く　　さむらい
（2）（4）（6）（9）（11）

※「士」を漢数字の「十」と「一」に分解して「11」

握った手の甲の骨でかぞえる

図のように骨の出っ張った部分とへこんだ部分を順にかぞえていく。
骨の出っ張ったところが大の月
へこんだところが小の月

❽は❼と同じ小指の骨をかぞえる

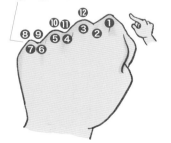

ちょこっとかぞえ言葉

ちゅうちゅうたこかいな

2個ずつ数をかぞえるときに使います。

ちゅう　　ちゅう　　たこ　　かい　　な

「な」で10個

だるまさんがころんだ

「だるまさんがころんだ」というあそびもありますが、10文字なので、10を速くかぞえるときにも使います。
地方によっては「ぼんさん（坊さん）がへ（屁）をこいた」などもあります。

ひとこと

2個ずつかぞえるもので「にしろっぱのと」というものもありました。古川ろっぱという役者さんがいた頃に盛んに使い、「ふるかわろっぱのと」とも言いました。これに続けて10文字の「エノケンマダカイナ」とも言ってあそびました。

※しっぺ（竹箆）：禅宗のお寺で修行僧の指導に用いる竹製の杖、長さは1尺5寸（約45センチ）。竹をへらの形にして藤を巻き、漆を塗った物

編著者＊**藤田 浩子**（ふじた ひろこ）
1937年東京に生まれる。福島県三春町に疎開、昔話を聞いて育つ。西小岩幼稚園など幼児教育にたずさわって60年余り。短大・専門学校の幼児教育科講師。全国各地の幼稚園・保育園・図書館・保健所・公民館等で、若いお母さんたちにわらべうたやあそびを伝えたり、子育て講演会を行っている。

主な著書＊
『おはなしおばさんの小道具』（正編・続編）『赤ちゃんのあやし方・育て方』『おはなしの小道具セット』（②〜⑥）『おばけの森』『桃太郎パズル（単品）』『こぶたパズル（単品）』『変身泥棒（単品）』『あやとりでおはなし』『ハンカチでおはなし』『紙とえんぴつでおはなし』『「紙とえんぴつでおはなし」小道具セット』『新聞紙・牛乳パック・おりがみでおはなし』ほか（以上、一声社）
『かたれやまんば』（全5巻）『かたれやまんば番外編』（全2巻）『エッセイ集しったかぶり』（以上、藤田浩子の語りを聞く会）
『あそべやまんば』（①〜③）（むかしあそびの会）
『絵本は育児書』『わらべうたあそびこのゆびとーまれ』（以上、アイ企画）
『おはなしおばさんのおはなし春夏秋冬』（NPO読書サポート）

イラストレーター＊**保坂 あけみ**（ほさか あけみ）
1964年福島県郡山市生まれ。物ごころがつく頃からマンガを読むこと、描くことに親しむ。長男の出産を機に本格的にイラストを描き始める。親子で育つ「風の子」サークルに親子で参加して以降、サポーターとして会の運営にたずさわる。おはなし小道具などの講座の企画や講師を務め、また、若いお母さんたちにあそびを伝える活動をしている。『赤ちゃんのあやし方・育て方』『絵本は育児書』「風の子」サークルのホームページ等の挿絵を担当している。
＊「風の子」サークルのホームページ http://kazenoko-circle.com / で、藤田浩子さんのエッセイ連載中

(なにもなくても) いつでも・どこでも 楽しめる❺

藤田浩子の 手・顔・からだでおはなし

2020年10月30日 第1版第1刷 発行

編著者 藤田 浩子 ©
絵 保坂 あけみ ©
デザイン 石山 悠子
発行者 米山 傑
発行所 株式会社一声社
 東京都葛飾区東水元2−13−1
 TEL03-6676-2179／FAX03-6326-8150
e-mail info@isseisha.net
ホームページ http://www.isseisha.net/
印刷所 株式会社シナノ

乱丁・落丁本はお取り替え致します。

ISBN978-4-87077-281-6 © Fujita Hiroko 2020 ©Hosaka Akemi 2020

別売小道具について

●本書 53 ページ「林の中から」の
 おはなしができる小道具を販売しています

『おはなしの小道具セット③』
本体 1200 円＋税 ISBN978-4-87077-204-5

　※「林の中から」だけでなく、下記の小道具とのセット商品です。

＜商品の内容＞

・立体紙芝居「わらぶき屋根の家」「林の中から」
・くるく変わり絵「ニワトリ」「チョウチョ」

　※立体紙芝居「わらぶき屋根の家」は「林の中から」の裏面で、同様に中から引き出して並べるおはなし小道具。
　※くるく変わり絵「ニワトリ」「チョウチョ」は、1枚の大きな紙から作る、4場面がくり返し出てくる変わり絵。

＜「林の中から」のあそび方＞

歌いながら中から1枚ずつ
引き出して並べる

お侍　お坊さん　山伏　金魚屋　姉様　婆様　おばけ